U0619843

语海拾珍

语音背后的故事

徐春伟　著

上海教育出版社
SHANGHAI EDUCATIONAL
PUBLISHING HOUSE

　　本书为国家社科基金重大项目"晚明以来吴语白话文献语法研究及数据库建设"（21&ZD301）、国家社科基金一般项目"基于域外文献的明清以来宁波方言发展演变研究"（21BYY079）、教育部人文社会科学研究规划基金项目"语言接触视角下清末宁波地区西儒编方言文献研究"（23YJA740041）的成果。

序

　　春伟兄是晚我十年毕业于浙江省宁波市镇海中学的校友。我们相识于"吴语研究"学术交流群，拥有一个共同的"朋友圈"，虽未曾谋面，却似相识已久。与我成年后便离开家乡不同，春伟兄供职于家乡的地方博物馆，任文史研究员，深耕于家乡的历史、地理、文献、语言文字研究等诸多领域，获"2022年镇海区十大杰出青年"称号，为家乡的文化事业做了出色的贡献。

　　春伟兄任职于基层，"处江湖之远"，但展现的学识与学力并不逊色于"居庙堂之高"的专业学者。春伟兄参与国家社科基金重大项目、一般项目，主持市级社科基金等各类科研项目，主编《宁波方言文献集成》共3辑。春伟兄的学术兴趣涉及语言文字与历史地理两大领域，本次出版的首部个人文集便是基于他发表于澎湃新闻等媒体的科普散文。

　　语言文字与历史地理相结合，大抵属于语言与文化的研究范畴。我的业师游汝杰先生与历史地理学家周振鹤先生合著的《方言与中国文化》是二者结合的经典之作，对于我们理解今天的方言文化有重要的意义。学术界一般认为，我国的语言与文化研究发轫于中国社会科学院语言研究所首任所长罗常培先生的《语言与文化》。不过，由于科班的语言学研究更加看重科学性，所以偏文化的研究往往被泛泛地归类于社会语言学的范畴，整体上并不受重视。我本人也因为研究方向偏科学性，不太关注人文性的语言学研究，但我并不认为这是理所当然的。

　　在我们所处的时代，以生成式人工智能为代表的机器智能已在部分脑力劳动领域展示出优于人类智能的能力，这迫使我们重新思考人类社会的未来。机器智能对教育与学术已经造成了很大的冲击，文科首当其冲。人们忽略的一点是，任何与人相关的学科比如人文学科、医学等,本身都有偏科学、偏工程、偏人文三个方面的学术问题。就语言学来说,对于"什么是语言"的根本性探究,对于"语言是人类与生俱来的生物智能,还是社会交际的功能产物"等问题的追问,大抵属于科学问题;对于如何学会说话(口语)、如何写好文章(书面语),以及如何进一步说好外语等问题的研究,在本质上属于工程问题;至于语言对于人类的意义、语言在人类社会中的作用等问题,则属于人文问题。根据人类社会发展的历史经验,机器智能逐渐替代人类智能并更有效地解决语言学中的工程问题已经毋庸置疑。我们所能做的,是充分利用机器来解决语言学中的工程问题,并利用机器智能带来的工程优势,集中精力进行科学探索与人文研究。这才是未来的方向。在此背景下,我非常愿意推荐春伟兄的《语海拾珍》,本书读来有别样的旨趣。

语言文字问题与我们的日常生活息息相关,《语海拾珍》通过一个个饶有趣味的语音背后的故事,将人们印象中枯燥的语音及语言问题与丰富的历史、地理、人文信息结合在一起。作者语言精练,文章内容丰富,极具可读性。春伟兄将文章分为三部分："音韵释史"讲述关于历史语音的故事；"拼音记史"讨论关于近现代拼音与拼音文字的故事；"洋韵述史"撷取翻译中所反映的语音故事。阅读春伟兄的文章，我最大的感受——用现在流行的话语来概括——就是"三观正"。汉语汉字的历史源远流长，异体字、一字多音等现象普遍存在。加上我国幅员辽阔，语言文字使用问题也更为复杂。因此，国家对于通用语言文字有明确的立法。目前重要的法律法规包括(1) 2000 年 10 月 31 日通过、2001 年 1 月 1 日起施行的《中华人民共和国国家通用语言文字法》；(2) 2018 年 10 月 24 日教育部、国家语委印发的《国家语言文字工作委员会语言文字规范标准管理办法(2018 年修订)》；(3) 2021 年 11 月 30 日发布的《国务院办公厅关于全面加强新时代语言文字工作的意见》等。其中，跟民众日常生活与文化生活最密切相关的问题可能就是汉字的审音问题，"音韵释史"中有一半以上的文章讲述这方面的故事。春伟兄在讨论这些问题时，一方面充分展示学识，讲述相关故事所涉及的语言文字理据与历史地理情境，将读者引入思辨；另一方面，文章常常会适时提醒读者：遵循词典的规范读音即可。这看似简单，却不容易做到。学者往往会掉书袋，沉湎于自己的学理逻辑而无法自拔。比如谈论"名从主人"原则，有些学者常常迷失方向，忘了语言学的原则并非自然天理，忘了国家的语言文字法律法规。春伟兄则把握得很好，无论是音韵释史，还是讲述拼音与翻译中的语言学故事，都既能讨论充分，又遵从国家语言文字规范。

这里举一个例子。"洋韵述史"中提到法国足球明星Henry 的译名问题。我记得当时只有东方卫视的体育解说员唐蒙先生将其称为"昂利"，其他体育频道的解说员都将其称为"亨利"。"昂利"是球星本人名字的法语读音；"亨利"是根据英语读法的音译，与法语读音相去甚远。法国队夺冠的 1998 年那届足球世界杯，国内只有央视体育频道直播。于是，那年我便只能在隔着电视屏幕都能感受到的响彻球场的"昂利、昂利……"的震耳呼声中，听着央视解说员"现场球迷传来亨利、亨利的呼声……"的解说——我至今还记得当时带给我的荒谬感。

不过,"名从主人"的原则并非铁律,最终还是"亨利"作为球星的中文译名留在了汉语文献中。这是我所经历的与语言文字故事相关的当代历史,也许不同的读者也能从《语海拾珍》中发现自己亲身经历的语言文字故事。更重要的是,如果大家能从阅读本书出发,去探究千百年来的语言文字故事,那肯定是一件更有意义的事情。

中国社会科学院语言研究所

2025 年 5 月于北京

目录

拼音记史

洋韵述史

音韵释史

《满江红》"驾长车"的"车"读 chē 还是 jū?

　　岳飞《满江红》一词中,"驾长车"的"车"应读 chē 还是 jū,争议已久。电影《满江红》里读 chē,1983 年版《射雕英雄传》以及很多朗诵者则读作 jū。那么,这个"车"字究竟该怎么读呢?这恐怕已经是大众乃至语言工作者讨论已久的问题了。

上古"车""居"混音

　　多音字是汉语中的常见现象,"车"就是一个多音字,现代汉语(普通话)中保留了两个读音:一读 chē;另一个同"居",读 jū。对于汉字的字音、字义、字形问题,我们一般可以通过查找权威工具书解决。在《新华字典》第十二版和《辞海》第七版里,"车"只在表"象棋棋子的一种"时读 jū,在其余义项里都读 chē。不过《辞海》还写道:"车[車]chē,旧读 jū。"[《辞海》(第七版)缩印本,第 249 页,上海辞书出版社,2021 年]

"车"有"居"一读,可在先秦文献的押韵里找到证据。《庄子·山木》提到:"市南子曰:'君无形倨,无留居,以为君车。'"从我国最古老的诗歌总集《诗经》中也可以看出,"车""居"是同音,而且可以通用。《诗经》在历史上曾出现过多个版本,分别是汉初鲁人申培所传的《鲁诗》、齐人辕固的《齐诗》、燕人韩婴的《韩诗》以及毛亨、毛苌的《毛诗》。现今流传下来的《诗经》其实是《毛诗》版本。《毛诗·邶风·北风》第三段是:"莫赤匪狐,莫黑匪乌。惠而好我,携手同车。"不过,阜阳汉简《诗经》却作"携手同居"而非"携手同车"。无独有偶,《郑风·有女同车》一诗首句"有女同车",在海昏侯竹简里写作"有女同居"。可见在西汉中期,还是有"车"读"居"的。

成书于东汉初年的《汉书》亦可证明,至少在东汉初期,"车"仍可通"居"。谭其骧主编《中国历史地图集》里,西汉西域都护府有个小国叫车师。不过,最早出现这一地名的《史记》中却写作"姑师"。《史记·大宛列传》记载:"楼兰、姑师,邑有城郭,临盐泽。"《史记正义》注解道:"(楼兰、姑师)二国名。姑师即车师也。"《汉书·西域传》中"姑师""车师"混用:"至宣帝时,遣卫司马使护鄯善以西数国。及破姑师,未尽殄,分以为车师前后王及山北六国。""姑师""车师"其实都是当地语言"(乌)古斯"的音译。"居""姑"都是从字符"古"得声,"车""姑"相通,即是"车""居"相通。汉代西域又有"居延"部落,又写作"车延"。这也是"车""居"同音的例子。

汉末"车""居"分化

东汉末年,经学家刘熙(汉灵帝和汉献帝时期)撰写了一部训诂专著《释名》,该书以声训为主要手段来探求词源。卷七"释车"条说:"车,古者曰车,声如居。言行所以居人也。今曰车。车,舍也。行者所处,若车舍也。"从刘熙对"车"字的读音解释可以看出,东汉末年的语音已经和以前有所不同。刘熙发现,当时的语音可能与前代不同,前代"车"读如"居",到他的时代则与"舍"的读音相近。他并非第一个在汉末发现前代"车""居"同音的人,稍早前的经学家郑玄(127—200 年)已经在《礼记·礼运》"天子以德为车"后注道:"车或为居。"

刘熙确定"车"的命名依据有两条:"车声如居"和"居人"。这两条依据都是不能成立的。早于刘熙的许慎已经在《说文解字》里说明"车"是象形字,"舆轮之总名……象形"。从现存甲骨文、金文的字形构造来看,"车"的形象明显是一辆有轮子的木车。我们不能苛求先人,毕竟刘熙的年代是小学(即音韵学、文字学、训诂学)的萌芽阶段。他能注意到历史上"车""居"曾经同音,这已经是非常了不起的发现了。

当然,当时也有知名学者持反对意见。稍晚于刘熙的吴国史学家韦昭(约 204—约 273 年)就认为"车""居"不同音。他在《辨释名》中说:"车,古皆音'尺奢反',后汉以来始有'居'音。""尺奢反"折合成现代汉语就是读 chē。他认为只有一个 chē 的读音。但是,只要注意到《诗经》先秦文献的押韵,就知韦昭"后汉以来始有'居'音"的论断显然是欠妥当的。

　　自刘熙之后,我国古代经学大师都注意到了"车"有两个读音。南梁时期的文字训诂学重要著作、我国第一部按部首编排的楷书字典《玉篇》首次给"车"注释两个反切,"车,齿耶、举鱼二反"。"齿耶反"折合成现代汉语就是 chē,"举鱼反"即是 jū。

北宋一车分用

　　北宋大中祥符元年(1008 年)颁布的《广韵》是我国古代第一部官修韵书,代表了权威的官方意见。《广韵》收录的汉字都有字音和字义的注释,具有辞书和字典的功能。它首次规范了"车"字两个读音的用法。《广韵·鱼韵》云:"车,车辂,九鱼切。又,昌遮切。"车辂,本义是绑在车辕上用来牵引车子的横木。《广韵·麻韵》云:"《古史考》曰:'黄帝作车,引重致远。少昊时加牛,禹时奚仲加马,周公作指南车。'又姓……尺遮切。又音'居'。"在《广韵》中,"车"字的两个读音不再混用,它们承担各自的

《广韵》麻韵

功能：表示车辆、姓氏读 chē，表示车上横木读 jū。

《广韵》时代已属中古汉语时期，"车""居"的读音差异极大。然而在上古汉语时期，"车""居"都属鱼部（主元音 a），车[khlja]、居[kla]两字读音起初很接近。但先秦时期，某些方言的"车"丢失了 j，于是产生"车"字"声如

《广韵》鱼韵

居"的又读。到了中古时期,"居""鱼"发生了 a 音 o 化,进入了鱼韵(主元音 o);原本同属上古鱼部的"车、舍、家"等字分化到麻韵(主元音 a)。"车"字两音分别成了[tɕʰia]和[kio],两者的读音越来越远了。

在北宋时期,《广韵》规范了"车"字的用法。不过,"车"在象棋领域保留了特殊读音,仍旧读如"居",这是因为象棋在北宋获得了极大发展。除了基本定型的棋子和规则外，象棋运动在皇室的带动下广泛流行。"车"如"居"的读法，恐怕就是这样在象棋爱好者中口口相传保留了下来。

由于象棋棋子"车"的来源就是古代战车，这直接导致了古诗文中"车"字读音的混乱。相当多读者一看到古诗文中的"车"，就认为应该读 jū。除了"驾长车"中的"车"外，战国时齐国人冯谖"长铗归来乎，出无车"中的"车"也被读成 jū。

梳理"车"字读音的历史，我们可以看到，"车"读 chē 才是符合语言发展规律的。"车"读如"居"，是上古后期的分化。说 jū 是古音，或说旧读 jū，都是不正确的。既然现代社会已经没有了"车辂"这一事物，除了象棋之外，"车"在其他任何环境下读 chē 即可。

印度的汉语古译名是否正确?

据新华社 2023 年 9 月 15 日报道,印度拟将通用的英语国名 India 废弃,仅使用印地语国名 Bhārat(婆罗多)。英语 India 虽然源于古希腊语 Indu,但与原始的梵语词 Sindhu 的读音相差较大。那么,我国古代"身毒""天竺"等译名,是否正确到位呢?

在我国文献中,印度最早出现在《史记》中。《史记·西南夷列传》记载:"天子乃令王然于、柏始昌、吕越人等,使间出西夷西,指求身毒国。""身毒"是印度河的音译,而印度河流域与恒河流域一样,是印度文明的发源地之一。这是用地名(河流)指代国名的典型方式。

按照现代汉语来读,"身毒"一词的读音与 Sindhu 有点接近。那么,"身毒"是 Sindhu 的音译吗? 这其实是一个巧合,如果是的话,就不能解释两汉之际产生的译名

"天笃"和"天竺"。《汉书·张骞传》"吾贾人往市之身毒国",东汉末年的李奇注云:"一名天笃,则浮屠胡是也。"《后汉书·西域传》也提到:"天竺国一名身毒,在月氏之东南数千里。"

在"身""天"都能通译的情况下,Sindhu就不太可能是"身毒""天竺"的直接来源。其实,汉朝最先是通过古波斯语得知Sindhu这个国家。在古波斯语中,存在s>h的现象,Sindhu就变成了Hindhu。这才能解释印度在两汉时期被同时译为"身毒""天笃"以及"天竺"。上古早期,"身""天"读音非常接近,两者不但韵部相同,连声纽也相似。前者读[qhjin],后者读[qhl'iin](据《汉字字音演变大字典》拟音,下同)。两者读音在上古后期才渐行渐远,分别演化为[hjin]和[thiin]。

一直到东汉末年,"天"还有晓母的读法。《释名》记载:"天,显也,在上高显也。青、徐以舌头言之。天,坦也,坦然高而远也。"可见,"天"在当时有接近"显"的读法,也有接近"坦"的读法。

Hindhu的第二个音节是没有闭音节读法的,汉代为

何采用入声字"毒""竺"翻译？这可能是当时觉部才有
[u]元音，幽部的元音更可能是[w]。同时，"毒""竺"能通
译，也可证明"古无舌上音"。

初唐两位学者对"身毒"的读法产生很大的影响。颜
师古说："捐毒即身毒，身毒则天竺也。"擦音 h 在词首很
容易失落，这个现象在法语、西班牙语等罗曼语族语言里
比比皆是，波斯语也是如此。h 失落后，Hindhu 的读音变
成了 Indu。颜师古认为"捐毒"即"身毒"，是因为"捐"在
中古是以母字，比较接近零声母。司马贞在《史记索隐》
说"身音捐"，这是他不知道古今语音有变，强行用今音去
注古书，导致了误会。这个误注，导致现代辞书中"身毒"
之"身"注音错误，有的注 yuán 或 yuān，也有注 juān。

现今通行的零声母译名"印度"也来自初唐，译者正
是大名鼎鼎的唐僧玄奘。玄奘在《大唐西域记》正名道：
"夫天竺之称，异议纠纷，旧云身毒，或曰贤豆，今从正音，
宜云印度。"他与颜师古都注意到了 h 的失落现象。当时
西域各国已经普遍采取零声母读法，故而玄奘对 Indu 进
行重新翻译。他采用"度"字重译后一音节，也是符合该

字中古音读法的 *duo＞du。

可见，无论是"身毒""天竺"，还是"印度"，我国先人对外国国名的译名都是精准到位的。至于"身毒"的读音，直接按音韵的正常规律，读 shēndú 就可以了。

被高频率误读的姓氏"乐"

腾讯和 TVB 合拍的大戏《使徒行者 2》中有一男主角名"乐少峰"。他的姓氏，无论是普通话版配音的 lè，还是粤语版配音的 lok，都是读错的。"乐"在姓氏环境中应该读"yuè"（粤语对应的读音为 ngok）。

"乐"字读音的来源

东汉经学家许慎的《说文解字》是中国第一部系统分析汉字字形和考究字源的字书，是研究汉字的权威著作。《说文》按一字一音的原则分析汉字，书中已收有"樂（乐）"字，注解是"五声八音总名。象鼓鞞。木，虡也"。甲骨文"樂（乐）"也是一个象形字，像丝附于木上，是琴瑟之像。本指丝竹（木）所制的乐器，引申为音乐。可见此字跟声音有关。

可惜的是，因为许慎生活的时代还没有较完备的注音方法，他在《说文》里并没有给"樂（乐）"字注音。后世韵书则记载了"乐"字的多个读音。根据中国现存的第一部完整韵书《广韵》，"乐"字有"五角切"（"岳"小韵，对应现代音 yuè）、"五教切"（"乐"小韵，对应现代音 yào）、"卢各切"（"落"小韵，对应现代音 lè）三个读音，这三个读音都有对应的释义。

根据《广韵》，"乐"字读 yuè 时，释义是："音乐，《周礼》有六乐：云门、咸池、大韶、大夏、大濩、大武；又姓，出南阳，本自有殷微子之后，宋戴公四世孙乐莒为大司寇。"读 lè 的时候，释义是"喜乐"。这说明，当"乐"作姓氏的时候，只能读 yuè，不能读 lè。

乐氏的起源

乐是一个很古老的氏（先秦姓、氏有别，秦汉后相混），它的源流众多。

《广韵》"乐"字条

在西周时期,礼乐水平代表了国家的形象,故负责音乐的官员十分重要。周王室有负责演奏典乐的大司乐,有具体演奏音乐的乐人,有负责礼乐的大乐正,有管理乐人的小乐正,这些官吏和专业人员统称为"乐正"。《礼记·王制》记载："乐正，崇四术，立四教。"后来这个官职慢慢变成了姓氏，在《元和姓纂》和《尚友录》中均记载："周官乐正，以官为氏。"春秋以后，礼乐崩坏，各诸侯国僭越，擅自设立乐正之官，因此乐正氏姓源繁复，不可一概而论。乐正氏最初为复姓，后有省文简改为单姓乐氏，皆世代相传至今。乐正氏简改的单姓乐氏，正确读音显然是 yuè。

　　源于子姓，出自春秋初期宋国国君宋戴公的儿子公子衎，属于以字为氏。《急就篇》颜师古注记载："乐氏之先，与宋同姓。戴公生乐父衎，是称乐氏。"《元和姓纂》记载："宋微子之后，戴公生公子衎，字乐父，子孙以王父字为氏。"宋戴公有个儿子叫衎，字乐父。公子衎生子倾父泽，倾父泽又生子夷父须。夷父须以祖父公子衎之字"乐父"为氏，称乐氏。他的儿子就是宋国司寇乐莒（吕）。这也是《广韵》中提到的乐氏，由于出自宋国，故称为宋国乐氏。战国时期著名的军事家乐羊和乐毅，便是这一支。近几年，随着战国热潮兴起，影视剧经常出现乐毅的身影，他的姓氏一般不会有人读错，读 yuè。

　　源于姬姓,出自春秋时期晋国大夫乐王鲋,属于以先祖名字为氏。据《左传》记载:"晋大夫乐王鲋。"乐王鲋,姬姓,字叔鱼,春秋后期晋国大夫,为晋平公两位宠臣之一。乐王鲋的后裔子孙,皆以先祖名字为姓氏,称乐王氏,后大多省文简化为单姓乐氏、王氏。该支乐氏的正确读音作 yuè。

　　源于地名,出自汉朝初期夜郎国乐王邑,属于以居邑名称为氏。乐王邑为夜郎国重要的镇邑之一,其民归属大汉王朝后,仿汉制,有以地为姓氏者,称乐王氏,后多改为单姓乐氏、王氏。该支乐氏的正确读音作 yuè。

　　此外,根据《钱文忠解读百家姓》,南宋抗金名将岳飞被秦桧以"莫须有"的罪名迫害后,他的族人为避祸,曾有一支改名同音的乐氏。所以该支乐氏的正确读音也是 yuè。

　　早年,"乐"做姓氏时,一般都没有人读错,在大部分古代典籍如《元和姓纂》《姓氏急就篇》中,都会默认"五角切"。这就是《三国演义》影视剧中提到乐毅、乐进(魏国五子良将之一)时都会读 yuè 的原因。其实,一直到《乐氏宗谱》(1925 年)、《辞海》(1989 年)和《古汉语大词典》(2000 年),都只有 yuè 姓。

那么,有没有读 lè 的乐氏呢? 答案是有的,但是出现的时间很晚。明朝时期,有蒙古族人姓庆格尔泰氏,汉文之义就是"欢乐、快乐",在明朝中叶即有取其汉义冠汉姓为乐(lè)氏者。奥敦格日乐氏,亦称奥敦格日勒,汉义为"星光、明星"。明清时期,奥敦格日乐氏族人中有取姓氏尾音之谐音汉字为汉姓者,也称乐(lè)氏。这就是乐氏在姓氏环境下两读的原因。

归纳起来,乐姓这个姓氏群体中,有一个十分有趣的规律,即:汉族中乐氏的正确读音皆作 yuè,不可读作 lè;而蒙古族乐氏的正确读音皆作 lè,不可读作 yuè。人们将此谐称为"乐 yuè 乐 lè 一起走,同字异音分汉蒙"。

罕见姓错读原因

我国有很多姓氏,看起来都很常见,一写就会,可是一读就往往读错,让人啼笑皆非。"乐"虽然是常见字,却是较为罕见的姓氏,未进入中国前一百大姓。这就是导致人们读错的社会因素。中国的姓氏中,还有不少容易读错的姓氏。就拿"仇"来说吧,用在姓氏上,它就不是"仇恨"的"仇"字(读音 chóu)了,应该读 qiú。区,读 ōu,不读 qū,如著名足球运动员区楚良。解,读 xiè,不读 jiě,如歌手解晓东。单,读 shàn,不读 dān,如《说唐》中的单雄信。查,读 zhā,不读 chá,如本名查良镛的金庸先生。此外,还有大量声调错读的姓氏。任,读 rén,不读 rèn,如香港影星任达华。华,读 huà,不读 huá,如数学家华罗庚。曲,读 qū,不读 qǔ,如足球运动员曲波。

有人把乐姓读 lè 归结为蒙古族姓氏的影响,但这显然不是主要因素。因为像"解""单""查"这类姓氏并没有受到少数民族的影响,而大众还是容易错读。笔者看来,在现在的汉语和汉字使用环境下,字音在词汇中出现频率低才是主要因素。yuè 一般用于音乐相关的词汇,如"乐器";而发 lè 音的现代词汇多得多,如"快乐""乐意""乐园"。同样的原因,"任"字常见于"任务"之类词汇,"华"常见于"华夏"之类词汇,和姓氏同音的词汇很少,其至没有。一般人看到这类姓氏,会直接联想到常见词汇的读音。这就是错读的概率因素。

事实上,近些年出版的汉语字典和词典注明了 yuè 和 lè 是两个不同的姓氏,但是往往没有像《钱文忠解读百家姓》那样标明姓氏来源,大众看完以后还是一头雾水,无法判断究竟是读 yuè 还是读 lè。网络上的文章也有不少错误传言,常见的有"北方通常读 yuè,南方通常读 lè","吴语地区乐姓就读 lè"。类似传言显然是不正确的,根据两个乐姓的来源,lè 出现在北方的频率更高才是。

以吴语区为例,乐姓在宁波东部恰好是个地方大姓。根据 20 世纪 80 年代的《镇海县志》里的人口排名,乐姓在镇海县(今镇海区)排到第 16 位,乐姓人口的比例远远高于全国平均水平。在镇海县江南(今北仑区)、鄞县东部(今鄞州区)就有大量乐姓村落。舟山在清康熙年间解除海禁后,鄞、镇两县人移居到岛上,由此也有大量乐姓人口。

在宁波方言(属北部吴语)里,乐姓读 ngoh,根据音韵规律,对应普通话 yuè。"吴语地区乐姓就读 lè"这样的论断显然是不正确的。大家都熟悉的著名主持人乐嘉,原籍在镇海县江南的白峰,读者应该知道读啥了吧。

社会心理学中有种现象叫"从众",体现在语言学上的话就是某个字错读的人多了,他人甚至本人也会从众,有时明知错误,也会跟随。笔者的大学老师讲过一个故事:他的广东朋友姓区,但是很多人称呼他为"老 qū",最后他只好自己把名片上的姓氏改成"欧"。至于乐姓人,别人称呼 lè 时,有不少当事人为了避免尴尬,自己也应了。

"乐"在宁波是个大姓氏,老一辈本地人错读的概率非常小。不过,随着社会环境变化,新一代宁波人接触的语言环境以普通话为主,"乐"作为姓氏的读音往往从来到宁波的外地人获得而不是本地。由于外地人不知道读 yuè,正确的读音 ngoh(yuè)也就被 lè 替代了。

汉语的多音节汉字现象

　　2019年央视春晚上,岳云鹏和孙越表演了相声《妙言趣语》。在这段相声中,小岳岳给搭档和全国观众出了个冷知识字谜:"一个瓦片的瓦,里面有个千万的千字,念什么?"此字写作"瓩",读作"qiānwǎ",意为功率单位"千瓦"。"瓩"是一个多音节汉字,此类汉字还有"呎""矸"等。那么,这类奇特的汉字是如何产生的呢?

上古起源

　　通常来说,一个汉字只代表汉语的一个音节。"瓩"的特别之处就在于单个汉字却要读两个音节,打破了大众对汉字一字一音的印象。更有甚者还有单个汉字需读三个音节。文字学家把这类字称为多音节汉字。

单个汉字读成多个音节的现象并不罕见。了解日语的读者一定会联想到,在汉字文化圈里,日语汉字存在大量的多音节读法。日语汉字的读音有音读和训读两种。音读是模仿历代汉语的读音,训读是用日本固有语言来念,借用汉字的字形和字义。比如,"人"音读为单音节吴音"にん/nin"或汉音"じん/jin",训读则成了双音节"ひと/hito"。

不过,汉语中汉字的多音节现象与日语汉字的多音节现象完全不是一个概念。也就是说,这个汉字自诞生起就读成多音节的。现今出土的上古文物可以证明,上古就存在多音节汉字。1976年,陕西省临潼县零口公社(今西安市临潼区零口街道)出土了已知最早的西周青铜器利簋,又名"武王征商簋"或"檀公簋"。簋内底部有4行铭文,计32字,其中有一句"珷征商,唯甲子朝,岁贞克闻,夙有商",记载了周武王在甲子日上午击败商军这一重大历史事件,同时印证了《尚书·牧誓》记载的"时甲子昧爽,王朝至于商郊牧野"。利簋铭文首字"珷"

就是个多音节汉字,得读成"武王"。

多音节汉字现象源于造字体系未完善的时期,很多表意字仍然保留着原始文字的特征。春秋以来,文字系统日臻成熟稳定,汉字形成了"一字一音"的规则。聪明的古人利用组合文字的声母、韵母,或自创读音,将多音节汉字读成一个音节,多音节汉字现象也就逐渐消失于历史的长河之中。

以"廿""卅""卌"为例,它们是由两个以上的"十"组成,应该读作两个音节,分别是"二十""三十""四十"。这是从上古韵文中推断出来的,因韵文各句必须考虑字数的整齐。出土的石鼓文等文物中,先秦的"三十"都作"卅(丗)"。秦国石鼓文第五鼓《乍(作)原》诗有"□□□草,为丗里",结合全文应该读作"三十"。东汉学者许慎在《说文解字》里所说的"廿,二十并也""卅,三十并也"是对的。

"廿""卅""卌"读为一个音节大概最晚出现在秦始皇时期。《史记·秦始皇本纪》记载秦始皇在泰山立石,"皇帝临位,作制明法,臣下修饬。二十有六年,初并天

《广韵》"廿"字条

下，罔不宾服"。按照韵文规律，"二十"当读作一个字音。这与李斯《峄山碑》"灭六暴强，廿有六年"之句可以相互验证。

近代泛滥

通过上文可知，文字系统不稳定、不成熟的时期才会出现多音节汉字。佛经传入我国后，起先翻译并不规范和统一，这种现象也反映在文字中。敦煌文献《法华经玄赞·第四》一处出现了“𦲱心”。“𦲱”初看俨然是一个字，但实际上需要把它读为双音节的“菩提”。“𦲱”，是“菩”字取其艹头，与“提”合二为一。另一处“艹提心”，“艹”独占一字，应是“菩”字的简写。随着佛经翻译的规范化和统一化，佛经中的特殊多音节汉字也逐渐废弃不用。

近代以来，西方科技词汇进入我国。新事物的出现再度引发语言文字的不规范现象。为了快速书写，科学工作者发明了大量多音节汉字，主要方法之一就是将两个以上汉字写成一个汉字。“瓩”“瓰”“竏”等新汉字正是这一时期我国科学工作者创制的。由于科技词汇大部分来自英美，绝大多数多音节汉字基本与英制计量单位有关，如“兛”“嗧”等。这些多音节汉字的读音非常容易判断，即两个被合写字的读音，"兛"读作"千克"、"嗧"读作"加仑"。

除了将多个汉字写成一个汉字的方法外，另一种简便方法就是在原来的汉语计量单位的偏旁上加一个特殊的偏旁"口"。这个"口"有点类似上文提到的"艹"，它不读kǒu，而是读作"英"："吋"读作"英寸"；"呎"读作"英尺"；"浔"（浔）读作"英寻"，也就是六英尺；"哩"读作"英里"。

其实上面部分汉字古已有之，它们原来是读作单音节的。"哩"，《集韵》莫六切，音目。"浔"，本义是"水深之处"，也是江西九江的别称。可以说，科学家赋予了它们新的读音和字义，与原来的音或义风马牛不相及。

受多音节汉字风气影响，近代其他领域也出现了多音节汉字。1924年，图书馆学家杜定友嫌"圖書館"三字笔画太多，因"囷"字产生灵感，自创"圕"一字来代替"图书馆"一词。"囷"象征着粮食聚拢，"圕"象征着书籍聚集。这个字（词）在当时的中日学术文化界也曾流行一时。

日本也有类似情况，创造了与计量单位有关的汉字，如"粁"（千米）、"竓"（毫升）等字，现今还有部分场合使用。这些汉字在近代也被引入我国,不过自引进以来一直都是单音节读法。

字音规范

　　针对社会上多音节汉字泛滥的现象,官方是什么态度呢? 1920 年后,北洋政府教育部读音统一会委托商务印书馆出版了《国音字典》及其校改版。这些字典仍旧遵守"汉字一字一音"的规则,规定"兛"读如"克","兝"读如"分"。言下之意,当时的教育部门不承认民间流行的多

1921 年《校改国音字典》"兛"等计量单位
用字,均遵守汉字"一字一音"的规则

音节读法,这使得这些新汉字产生了两种读法。

然而到了 1932 年 5 月,又是另外一种情景了。是年,国民政府教育部正式确定北京音为全国的标准音,仍委托商务印书馆公布了官方字典《国音常用字汇》。此版《国音常用字汇》颇重视多音节汉字,其三个附录"化学元素之名称""度量衡之略字""特别音与特别字举例"均涉及多音节汉字。附录二"度量衡之略字"认为:"其实此等略字(春伟注:指多音节汉字),只能认作一个多音名词之符号,不能与一般汉字同例看待。今定为两种读法:(1) 读原名之音……(2) 读自定新名之音……""读原名之音"即是读外文名,"读自定新名之音"就是一字读多音节。

附录三"特别音与特别字举例"除了把"圕"列入外,还再次表达了提倡多音节汉字的态度:"近敦煌发见之唐人写经中有将'菩萨'略写作'卉'等,现在有将'圖书馆'略写作'圕'等,均简便适用,极应提倡。"字典代表了国民政府教育部的官方态度,这更助长了多音节汉字创制和使用之风。

1959 年,我国发布《关于统一计量制度的命令》,确定以公制为基本计量制度,在我国生产和科研等领域基本上淘汰了英制计量制度。这初步使以英制为基准的多音节汉字失去了应用的土壤。

1977 年 7 月,中国文字改革委员会、国家标准计量局鉴于英制计量单位在涉外交流中还在使用,而多音节汉字弊端又多,便正式联合下发了《关于部分计量单位名称统一用字的通知》。该通知认为:"英制计量单位名称同时并用,言文不一致……在语言上,'唡'有 liǎng,yīngliǎng 两种读法……本来由两个字构成的词,勉强写成一个字,虽然少占一个字篇幅,少写几笔,但特造新字,增加人们记认负担和印刷、打字等大量设备,得不偿失。不考虑精简字数,只求减少笔画,为简化而简化,这样简化汉字的做法并不可取。"这样,多音节汉字基本被弃用,"瓧"也名列其中。《现代汉语词典》(1978 年版)"瓩"条就记"千瓦旧也作瓩",说明它已经是一个被淘汰的汉字。

《封神》里商都朝歌的"朝"
读 cháo 还是 zhāo?

电影《封神第一部：朝歌风云》是以商都朝歌（今河南淇县）为背景的奇幻电影。片中，朝歌的"朝"被读作 zhāo。然而 20 世纪 90 年代，风靡海内外的电视剧《封神榜》把朝歌读为"cháo"歌。那么，"朝"读 cháo 还是 zhāo 呢？

读者都知道多音字是汉语的常见现象，一字多音往往影响该字的意思。比如"率"就是一个多音字，在现代汉语（普通话）里，其常见的读音是 shuài 和 lǜ。读 shuài 的时候一般表示"带领""模范"等义，如"率领"和"表率"；读 lǜ 的时候一般表示"比率"，如"效率"和"利率"。不过，像"朝"这种存在 zhāo 和 cháo 两种读法的异读，一般不叫作多音现象，而叫作破读现象。

语言学家唐作藩将破读现象定义为"一个字因意义或词性的不同而改变原来的读音（主要是改读声调），叫做'破读'或'读破'……传统上将原来的读音叫'本音'或'读如字'，将改读的音叫'破读音'"（《破读音的处理问题》，《辞书研究》1979 年第 2 期）。破读是一种特殊的"多音"现象。在破读现象中，单个字的字音、字义无法区分，只有与其他汉字组成具体的词汇或词组时，才产生字音分化。

破读现象产生的具体年代和具体原因现在并不明确。王力先生认为古已有之，这是有文献依据的。《论语·微子》中的"四体不勤，五谷不分"，唐代陆德明在《经典释文》里说："不分，包云如字，郑扶问反。"就是说，"分"这个字，根据东汉经学家包咸的观点，应该读平声；而根据另一位东汉经学家郑玄的观点，要读去声。

破读最常用的方式是改变本音的声调，即"四声别义"。这是破读的第一大类，主要有平声变上声、上声变去声、平声变去声等小类。第一小类如"强"，表示健壮的"强壮"读 qiáng，表迫使的"勉强"读 qiǎng。"儿"表示微小读 jī，如"茶几"；表示多少读 jǐ，如"几何"。第二小类，如"美好"的"好"读上声 hǎo，而"爱好"的"好"改读去声 hào。曾引起广泛争论的"骑"字读音属于第三小类。

第二大类现象是改变本音的声母。最为常见的就是"朝"字。"朝"有两种读音，表示早晨的"朝阳"读 zhāo，表示朝拜或朝向的"朝见"读 cháo。《说文解字注》："旦也。旦者，朝也……其实朝之义主谓日出地时也。《周礼》：'春见曰朝。'""朝"的本义是"早上"，周代诸侯在最早的春季朝拜周王，引申出"朝拜"之义。《广韵》里"朝"的本音是陟遥切，音昭；破读音是直遥切，音潮。它们就是 zhāo 和 cháo 两字音的来历。

第三大类现象是改变本音的韵母。这类字比较常见的有"读""说"等字。"读"在大部分环境里，如表示阅读、念书的"读书"，读 dú；表示古文休止和停顿处的圈点的"句读"要读作 dòu。与大部分破读音不同，dòu 的反切很晚才出现。《广韵》里只有一个读音，它是《集韵》时期才出现第二个反切的。

破读通过字音分化了字的不同意义，减轻了本音承

《广韵》"朝"字条

受的意义负担，在应用中有利于意义的明确化。但是，破
读音现象和多音字现象不同，它们的汉字字义只是产生
了词性变化，并没有产生字义的大变化。这使它在实际
应用中极易造成读音的混淆。这种异读给读者带来的不
一定是方便，反而是相当多的困扰。有鉴于此，古人有时

在文章中不得不在有破读现象的汉字旁注同音字来解决困扰。《古文观止》在《郑子家告赵宣子》"而随蔡侯以朝于执事"一句中,就在"朝"下注"潮"。

本音混入破读音非常普遍。我国当代有数个以"朝阳"命名的县级以上行政区,分别是北京市朝阳区、辽宁省朝阳市、辽宁省朝阳县。"朝阳"解作"早上的太阳",需读 zhāo;如果作"朝着太阳"解,则是读 cháo。由于不了解地名得名的典故,人们往往会对它们的地名读音产生困扰。

辽宁的朝阳市、朝阳县的得名都源于清乾隆四十三年(1778 年)设置的朝阳县。当时,因城址东邻凤凰山脚下,山形如青凤昂首展翅对城似鸣状,即取《诗经·大雅·卷阿》"凤凰鸣矣,于彼高冈;梧桐生矣,于彼朝阳"命名。"于彼朝阳"是指向阳的地方,所以要读作 cháo。

北京市朝阳区的得名源于其地处朝阳门外之东。朝阳门从元朝至明正统四年(1439 年)叫齐化门,正统四年重新修葺后改称朝阳门。改称"朝阳"有两重意思:朝阳门在东方,由城内望去,是朝着太阳升起的方向;从城外来城内的人，则是朝着皇帝的方向走去，皇帝为天之子，朝拜皇帝也叫作"朝阳"。所以此处的"朝"应该读作 cháo。

回到朝歌这一历史地名，《史记》最早解释了朝歌地名的来历，其中《乐书》篇写道："夫朝歌者，不时也。"意思是"早上就唱歌，唱的不是时候"。《水经注》记载道："有糟丘、酒池之事焉。有新声靡乐，号邑朝歌。"无独有偶，杜牧《阿房宫赋》也有"朝歌夜弦，为秦宫人"之句。这里的"朝"，就是早晨的意思。

大量破读音混入"朝"字本音，是因为"朝向"意的使用环境大大多于"早晨"意的使用环境。这导致众多读者先入为主，看见"朝"就想到破读音 cháo。

"哪吒"的"哪"应读 né,拼音没错

曾有网民在抖音上质疑教育部统编版小学语文教材内容,称 né 拼不出对应的汉字,是误人子弟。面对质疑,教育部统编版中小学语文教材总主编、曾任北京大学中文系主任的温儒敏在微博上公开回应: né 对应"哪吒"的"哪"。

"哪"读 né 是正常现象

"哪"在"哪吒"一词中读 né,这是符合普通话读音规律的。汉字读音怎么读,都是有规律的,这个规律来自古代的韵书。在当代,我们可以根据工具书《方言调查字表》来判断汉字读音。《方言调查字表》由中国社会科学院语言研究所制作,用来记录现代汉语方言的语音。字

的次序按照《切韵》《广韵》等一系列韵书所代表的中古音系统排列,现代方言的音系大体上可以从这个古音系统出发来研究。

按传统音韵学对汉字的分类,"哪"字属于果摄开口一等字。"摄"是古代音韵学家按照主元音相近、韵尾相同(或相近)的原则将《广韵》206个韵归并出的大类。"一等"则是韵母(韵母不绑定声调,而同一个韵必须声调相同)的等第分类,音韵学家依据元音开口度(舌位高低)等情况将韵母分为四等,其中一等韵母的元音开口度最大(如[a]和[ɔ]),发音最洪亮。

果摄开口一等字的韵母原本相同,但后来由于声母等原因走向了分化。在现代标准汉语(即普通话)中,果摄开口一等字声母是 d、t、n、l、z 或零声母的,后面韵母为 uo(wo)(国际音标[uo]);声母是 g、k、h 的,后面韵母为 e[ɤ]。果摄开口一等字中的 uo 与 e 两类韵母在分化之前应该都是 o[o]。

了解果摄开口一等字的韵母分化规律后,我们就能理解"哪"为何会读成 né。根据《方言调查字表》,"哪"和

"挪"理论上应该有相同的韵母。但两者中,只有"挪"走向了正常的演变道路,由 no 变成了 nuo。"哪吒"的"哪"在 no 之后,却没有根据正常规律走,而是像声母是舌根音 g、k、h 的果摄开口一等字那样,韵母也变成了 e。普通话"我"按规律应与"鹅"一样读 e,现实中却读作 uo(wo),也是类似现象。

此外,果摄合口一等字在遇到唇音声母 b、p、m、f 后,它们的韵母变成了 o。o、uo 两者在普通话中就是音位互补的关系。韵母 e 与韵母 o 的发音方法及发音状态是很相近的,只存在唇形上圆唇与不圆唇的区别。有时候将 o(uo)读成 e,或是 e 读成 o(uo),是很自然的异读现象。

中华新韵是 20 世纪以北京官话为主体的现代标准汉语逐渐形成以后,依照现代标准汉语的音韵结构所整理出的韵母分类。正因为 o、uo、e 发音相近,2005 年中华诗词学会制定中华新韵标准的时候,将 o、e、uo 视作同一个韵——"波"韵。"波"韵在中华新韵序列中排名第二,因此被叫作"二波"。与北京话是近亲的东北话将"波"也读成 be,就是将 o(uo)彻底往 e 方向走。

国家语言文字工作委员会对待北京话中"哪"né、"我"wǒ这类异读现象，没有采取一刀切的方案，而是根据流行程度进行取舍。读音有群众基础的，就保留。

"哪"读 nǎ 与"阿"读 ā、ō、ē

"哪"是一个多音字，除了 né 这个生僻读法外，还有大家所熟悉的 nǎ。上文已经提及，"哪里"的"哪"按正常规律应该读成 nuǒ。那么，读成 nǎ 又是怎么回事呢？这其实是一个语音滞古现象。由于经常使用，某些方言中个别常用字音会出现语音滞古现象。

根据语言学家推导，中古以来果摄字主元音的演变轨迹是 *[ɑ]＞[o]＞[uo]/[ɤ]。"哪里"的"哪"可能由于是常用字，元音就留在了[ɑ]这个位置。参见《方言调查字表》"歌韵"图，"他""它"按规律应该和"拖"都读成 tuō，现在读 tā，也是滞古现象。

对比、参照域外方音的汉字音，也有助于我们理解和验证语音滞古现象。朝鲜语（韩语）、日语、越南语都有汉

	果開一：歌		
	平	上	去
	歌	哿	箇
幫滂並明			
端透定	多 拖他 駝馱拿,馱起來	舵	大馱馱子
泥(娘)來	挪 羅鑼籮	哪(那)哪個?	那
精清從心邪	搓	左	佐
知徹澄			
照穿牀審 莊初崇生			
照穿牀審禪 章昌船書禪			
日			
見溪羣疑	歌哥 蜾鵝俄	可 我	個個人,一個 餓
曉匣	河何荷荷花		荷(*蔄)薄荷 賀
影喻喻 云以	阿阿膠,阿哥		

果攝開口一等字

字音,汉字音是当地古代使者向中原王朝(宗主国)学习
了当时汉字读音后回去影响本国语言的见证,往往保留
了那个时代的读音。朝鲜半岛废除汉字后,由于现在使
用的朝鲜文(即谚文)只能表音不能表意,而韩语同音字
多,容易造成误解和重名,韩国不得不在正规场合和身份
证上保留汉字。因此,韩国人的姓名都有自己的汉字写
法。韩国知名女艺人林润妸("妸"音同"阿",艺名又作
"润娥";"允儿"是我国娱乐圈不了解朝鲜汉字音的错误
音译)姓名韩语读音为"Lim Yoon-a","妸"就停留在 a 那
个位置。又如"河"的日语汉字音读"ga",也是同理。

　　了解果摄字元音演变轨迹后,就可以解答很多普通
话或方言的字音问题。经常有人争论佛教用语"阿弥陀
佛"的读法:"阿"应该读 ā、ō 还是 ē? 哪个又是最古老的
读法? 参见元音链变条,[a]是最古老的读法,[o]次之,
[ɤ]则是层次较新的读音。"东阿阿胶"的"阿"便是[ɤ]的
层次。著名的宁波/上海方言词"阿拉"的"阿"本字其实
就是"我"。"我"中古时期读[ŋɑ],在演变过程中和普通
话都脱落了声母 ng,但保留了[ɑ]这个主元音历史层次。

"风"原本也读作 fōng

不但有些字的韵母 e 原本读作 o，还有一部分字的韵母 eng 原本也是读作 ong 的。根据《方言调查字表》，作为通摄合口三等字，"风""梦"的韵母按规律理应和"隆""充"都读作 ong，实际上在普通话里却读作 eng。eng-ong 的关系，正与 e-o（uo）的关系类似，两者也是发音相近。有时候，我们看民国时期制作的影视资料，会听到"风""丰"读 fōng、"梦"读 mòng、"翁"读 ōng。这些音在历史上都存在过，现在被称作"老国音"，也是北京话的文读音。

文白异读，就是指文读音（读书音）与方言读音的差异。与其他方言中的文白异读现象类似，北京话也有文读音，文读音一般用在比较书面或者正式的词汇中，而白读音则更多出现在口语里。不过，与南方方言不同的是，北京话的文读音是模仿与韵书发音相近的南方音，恰好与模仿北京话的南方文读音相反。北京文读音里面的南方方言特点，后来很多被老国音所吸收。1913 年 2 月，北洋政府教育部在北京召开了读音统一会，制定了史称"老国音"的国音系统方案。从整体来说，老国音以北京语音为基础，同时吸收其他方言的语音特点，如区分尖团音和保留入声。

所谓"分尖团"，指古声母精组（精、清、从、心、邪母）和见晓组（见、溪、群、晓、匣母）在今细音 i[i]、ü[y] 前读音不同。如精母字"津"在苏州、洛阳等地读作 zin[tsin]，见母字"斤"读作 jin[tɕin]。两字声母不同，"津"是尖音，"斤"是团音，这就叫作"分尖团"。普通话中"津""斤"读音相同，这就是"不分尖团"。

京兆宛平（今属北京）人王璞所著《国音京音对照表》是描述老国音和北京音差别的一本书。从书中可见，"风"在北京话其实一直有两个音：其一是北京文读音，就是ㄈㄨㄥ（fong）；其二是读ㄈㄥ（feng）的北京俗音，也就是口语音。书中又显示，fong 是北京读书音的标准，也是老国音的标准。

但在 1920 年，老国音推广不到两年，全国就爆发了

國音京音對照表　亥集

辥	營	須	頪	纇	廲	音部
頰	頷	頸	頟	頭	頰	頁部
飀	颮	颩	風	顥	顴	顧
餕	餓	餕	鮓	飾	飥	食部
餭	饈	饕	餳	餛	餞	餐
馴	馱		馮		亥集	餯

馬部

《国音京音对照表》

关于京音和国音的大争论,史称"京国之争"。其主要原因就是有人认为多几个音节会增加学习成本和读书难度,应该完全以音节较少的北京音为标准。1928 年 9 月,得到国民政府支持的"国语罗马字运动"人士(简称"国罗派")为废除汉字,简化语音,发布了"国语罗马字拼音法式",以京音作为新国音。1932 年 5 月,国民政府教育部又公布了《国音常用字汇》,正式确定北京音为全国的标准音。于是,fong、mong 这类音节被废除,分别被北京话俗音 feng、meng 取代。

当代,ong 还有进一步往 eng 读的趋势,有不少北京人和东北人将"农"读成 neng。不过,因现代汉语拼音标准早已确立,这种新的北京土音很难影响语言标准了。

从社会层面来说,语言和生活虽密不可分,人人都在用语言交流,但其中涉及的汉语音韵学却是个小众学科和小众爱好,极少有人接触过或听说过。无论是"哪"读作 né 或者 nuó,还是"风"读作 fēng 或者 fōng,专业人士都有其专业依据。无端炒作,误导大众,只能显示自己低下的认知水平而已。

"东宫右卫率"的"率"读何音?

　　以唐代为背景的电视剧《长安十二时辰》爆火,剧中官职"东宫右卫率"的读音也火了。在"张小敬揎掇姚汝能砸店"剧情桥段中,姚汝能自报官职为"东宫右卫率(lǜ)"。不少观众在网络上表达了不同意见,认为这个"率"字应该读 shuài,从而引发了争论。"率"字读音居然成了一个网上热门问题,恐怕是剧组工作人员事先没有想到的。那么,"东宫右卫率"的"率"究竟怎么读呢?

"率""帅"音同义通

　　多音字现象是汉语的常见现象,一字双音或多音往往影响该字的意思。"率"就是一个多音字,在现代汉语(普通话)里,其常见的读音是 shuài 和 lǜ。读 shuài 的时候，一般表示"带领""模范"等义，如"率领"和"表率"；读 lǜ 的时候，一般表示"比率"，如"效率"和"利率"。"卫率"是古代官职，现代汉语环境里是碰不到的。这类平时不会碰到的词汇，我们一般通过查找工具书解决问题。不过，有时工具书也会出现讹误。《汉语大词典》在"率"字条的 lǜ 读音下列了"太子属官"的条目，这是不妥当的。

东宫为太子宫，"东宫右卫率"又名太子右卫率，是古代储君的属官之一。《旧唐书·职官一》载："武德七年定令：……东宫置三师、三少、詹事府、门下典书两坊。次内坊；次家令、率更、仆三寺；次左右卫率府、左右宗卫率府、左右虞候率府、左右监门率府、左右内率府，为十率府。"

对于"东宫右卫率"这类古代词汇，最妥当的办法还是通过查阅古代韵书来判断"率"字的读音。北宋大中祥符元年（1008 年）颁布的《广韵》是我国古代第一部官修韵书，其收入的汉字都有字音和字义注释，具有辞书和字典的功能。由于大部分现代汉语方言都是中古音的继承者，我们可以通过《广韵》推导现代汉语读音。《广韵》中，"率"字为"所律切"，折合成现代汉语，其读音为 shuài。

《广韵》"帅"小韵和"率"小韵

　　"率"字读音是何时才给人带来困扰的呢？北宋在宝元二年（1039年）又推出了一部官修韵书《集韵》。《集韵》和《广韵》主要的不同之处，是收异体字多、收异音字多。《集韵》"率"字就收了一个新的读音"劣戌切"。"劣戌切"

《集韵》"率"字条

折合成现代汉语就读作lǜ。

"率"多了异音后，容易发生误读，宋人也考虑到了这一问题。南宋学者吕祖谦为北宋范祖禹所著《唐鉴》做注解，在该书卷二《高祖下》武德七年（624 年）"东宫置三师至十率府"下注明"率音帅"。"率"音"帅"是直音法，就是"率"读如"帅"。

其实，"率""帅"两字自古音同义通。在《广韵》中，两字不但有相同的反切音，还有相同的字义。《广韵》"帅"小韵注释："帅，将帅也。"《广韵》"率"小韵注释："率……领也，将也。"《说文解字注》"帅"字条则更明确地指出："帅、率、帨、说、啟、刷六字古同音通用，后世分文析字。帨训巾。帅训率导、训将帅。""率""帅"可以说是相互异写，十率府就是十帅府。

唐代典章制度史书《通典·职官十二》也可以证明，"东宫右卫率"的"率"应为"率（帅）领"之义："晋武帝建东宫，置卫率，初曰中卫率……大唐为左右卫率府……置率各一人，领兵宿卫，督摄队伍，总判府事。"《旧唐书·职官三》"东宫武官"条记太子左、右卫率府"率各一员……副率各一人……左右卫率掌东宫兵仗羽卫之政令，总诸曹之事……""率"怎么读，答案是显而易见的。

"句""勾"因音分字

从《集韵》增加"率"字字音字义这一例子可见，多音字会给后世带来极大的困扰。为了避免多音字误读，古人通过变换汉字字形的手法来区分多音字。我们所熟悉的"勾"字，出现得非常晚，《广韵》《集韵》中都没有它的身影。《广韵》"钩"小韵中，"句"字释义为："《说文》，曲也……又九遇、古候二切。""句"的本义是弯曲，章句的"句"是它的引申义。"句"同时存在九遇切（对应现代汉语 jù 音）、古候切（对应现代汉语 gōu 音）两个读音。

后世为了避免歧义，将"句"字分化为"勾""句"二字："勾"表示弯曲之义；"句"表示章句之义。"够""枸""狗"等形声字也表明，"句"原可读作 gōu。总而言之，"句"是"勾"的本字，"勾"是"句"的分化字。

在现代汉语环境下，"句"一般不读 gōu，只读 jù。不过，遇到"句吴""句章""句践"等上古人名、地名（族名、国名）之时，"句"仍须读作 gōu。先秦时期，江南属于古越人的栖息地，不少地名带着明显的古代民族语言烙印。这些名词正表现了古越语（属侗台语族）的特征。

这个"句"是何意呢？"句"字在 20 世纪 80 年代前，一度被认为是发语词或无义词头。其实"句"有实义，而且是中心词（古越语中心词在前）。"句"字上古音读作 ＊koo，意思是"族群"。此字与泰文"氏族、宗族、群"的 kↄↄ 相当（kↄↄ 另有"草木丛"义，"族群"义引申于此）。"句吴"，得名于吴自认大宗，或者因虞（吴）国南支而称。"句章"是宁波的古地名，意为"彰（章）明之族"。句践得胜后在今宁波慈城附近建城，封有功宗支于此，故名"句章"。

这些古越语词汇早已成为汉语的历史定型名词，一般不作修改。不能根据现今"勾""句"分化使用的原则，将"句践"强行改为"勾践"。否则，就是一种常识错误，毕竟先秦时期《左传》等文献只有"句践"，没有"勾践"。

"陈""田"各司其职

"率"字的读音问题比"句"还要复杂。它不但是多音字,还牵涉到与其他字的通用问题。两个或数个汉字因音同(或音近)义通而通用,这是古代尤其是上古时代常见的现象。聪明的古人为了避免这种问题,早在秦朝就开始规范汉字音义。

《史记》提到一个著名的典故"田氏代齐"。周朝建立后,周王寻到了舜的后代胡公满,把他封在陈地(今河南省周口市淮阳区),建立了陈国。由于舜为妫姓,陈国被称作妫姓陈国。春秋时期,陈厉公之子公子完为避祸出奔齐国。因当时"陈""田"音同义通,"以陈字为田氏",改为田氏。陈完就成了田完,因其谥号"敬仲",史书称之为"田敬仲"。田完后人田和担任齐国相国时,将齐康公放逐到海上,自立为君。公元前386年,周安王承认田和为齐侯。后世为了区分两个齐国,将姜太公吕望创立的齐国称为姜齐,田和创立的齐国称为田齐。

　　然而，春秋文献和战国文物都证明，田敬仲及其后
裔并非写为田氏，而是直接写作陈氏。据《论语·公冶
长》记载："崔子弑齐君，陈文子有马十乘，弃而违之。"陈
文子就是《史记·田敬仲完世家》中的田文子须无。另
据战国文物的铭文，田氏篡位窃取齐国后，也不是自称
"齐侯"，而是"陈侯"：陈侯午敦中的"陈侯午"就是田齐
桓公田午，陈侯因资敦中的"陈侯因资"就是齐威王田
因齐。

战国(齐)陈侯因资敦及铭文

值得注意的是,陈侯午敦、陈侯因資敦中的"陈"字是"陳下缀土"的"墜"形,而"陈"在已发现的春秋铭文里都写作"敶"形,与妫姓陈国的"陈"写法一致。"墜"形是田齐取得实权后才有的,并只出现在齐国。这是田齐为有别于春秋时期的"敶"形而特意做的修改,是田齐政权取代姜齐政权后的一种文字表现。

为何司马迁在《史记》中称齐陈为田氏,称国君为齐侯或齐王呢?这是因为现在的六国国名是按照秦人的写法定下来的。秦朝统一文字,不仅统一了字形,而且还规范了用字。战国时期东方国家的大量人名地名,经过秦小篆转写后就不一样了。例如,同为战国七雄之一的燕国,起初国名是"匽",秦汉以后才被改写为同音的"燕"。可以说,秦人为了要区分妫陈和齐陈,所以将齐陈写作了"田"。段玉裁《说文解字注》注释"田"字时认为:"敶者,列也。田与敶古皆音陈,故以叠韵为训。取其敶列之整齐谓之田……陈敬仲之后为田氏。田即陈字,叚(假)田为陈也。"

自秦代规范用字后,原本音近义通的"陈""田"在用

法和读音上都发生了分化。现代汉语方言中除了语音面
貌古老的闽语外，"陈""田"完全是两个字音，也就不会产
生"率""帅"这样的困扰了。

综上可见，"率"字的问题在于"率""帅"没有做到各
司其职，"率"还保留"帅（率）领"的用法。要是在现代汉
语中，"帅"只用于"帅（率）领"，"率"只用于"利率"；或是
《集韵》不用"率"字，新造一字表示"约数"义。今人搞混
"率"字读音的可能性就大大减少了。

古代科举如何打击"高考移民"?

2024年高考，广东等地又出现了"高考移民"现象。当代屡禁不止的"高考移民"现象其实自古有之。自从科举制度出现以来，历朝历代为扩大统治基础，对各地录取名额进行定额分配，平衡各地的取士人数。针对这一政策，科举发达地区的士子为了更容易考取功名，跑到欠发达地区，占用当地人的学籍参加科举考试。这就出现了古代的"高考移民"现象——冒籍。为了防止冒籍，清朝发明了审音制度，即通过审查考生的乡音方言来审查士子是否冒籍。那么，这一举措有何科学依据呢？

科举考音韵其实是考方言

科举考试出现后，音韵成为重要考点之一，特别是明清八股文，平仄对仗要像律诗那样严格，这需要有过硬的音韵学基本功。不少声韵位置，南方方言分得清，北方（官话）方言分不清。这样，从实质上说，考音韵成了考方言。

中国语言史上有一个重要人物陆法言（名词，字法言），他的《切韵》是现存最早的一本韵书，被称作"韵书之首"，之后的《广韵》和《平水韵》等历代官方韵书都是它的继承者。隋开皇年间（581—600 年），陆法言集当时八名文人（刘臻、颜之推、卢思道、李若、萧该、辛德源、薛道衡、魏彦渊）于家聚会时商定，并于仁寿元年（601 年）成《切韵》。关于它的音系，音韵学家周祖谟认为，不是单纯以某一地行用的方言为标准，而是折中南北音韵而定。根据《切韵》的语音系统，可以上推古音，下推今音。现代汉语普通话和各地方言的语音系统，基本上可以根据《切韵》系统得到解释。

由于战乱，北方方言的很多韵在《切韵》时代就已经不分了。以鱼虞为例，《切韵序》中说"支脂鱼虞，共为一韵"。颜之推在《颜氏家训》中也举例："北人以庶为戍，以如为儒。"这是说当时的北人把鱼韵字"庶""如"读成虞韵

字"戍""儒"。但在今天的南方,宁波、温州还保持着部分
鱼虞分野。这意味着在科举的起点上,不同地区的人起
跑线就不一样。南方人在考科举时自带语言优势,北方
人则处于劣势。

　　古今方言有异是明嘉靖年间音韵学家陈第提出的,
"时有古今,地有南北,字有更革,音有转移",意为字音会
随着时空产生变化。前人并未发觉这点。由于《切韵》不
利于北方士子,唐代就有北方人怀疑《切韵》记录的是江
南吴语,陆法言是吴人。赵璘(844 年前后)的《因话录》记
载:"又有人检陆法言《切韵》,见其音字,遂云:此吴儿,真
是翻字太僻。"更有名的是广明元年(880 年)李涪闹的笑
话,他在《刊误》一书中批评《切韵》"舅甥之舅则在上声,
故旧之旧则在去声"。当时北方话有一个明显变化,像
"舅"这种全浊声母("全浊声母"指中古汉语的浊塞音、浊
塞擦音和浊擦音声母,大部分现代汉语方言的全浊声母
都演变成对应清声母)上声字变为去声字,这就是"浊上
变去"的现象。他先用西京(今西安)音检验《切韵》,发现
西京音和《切韵》对不上;后想到用东都(今洛阳)音,发现

也对不上。最后,他得出结论:《切韵》是吴音,"吴音乖舛,不亦甚乎"。其实,陆氏虽是典型的江南大姓,陆法言却是个鲜卑人,本姓步六(陆)孤,其家族是北魏后才改汉姓陆。

唐朝时期,科举制刚形成不久,此时北方方言就有不小的劣势,后来的朝代就更别提了。自从赵璘、李涪怀疑《切韵》是吴音后,宋元明还出现过尝试淘汰"吴音"、突破传统音韵标准的韵书。这些韵书中最有名的便是元代周德清的《中原音韵》。在作曲时是以《广韵》为标准,还是以实际语音为标准,当时有着不同的意见,显然周德清赞同后者。考察《中原音韵》反映的北方话,会发现全浊音和入声都已消失,这进一步加大了北方人的科举劣势。

虽然历朝历代语音都在发生变化,但直到清末,科举考的还是中古时期的《平水韵》。这意味着:在考科举时,官话区人像学外语一样,必须人为背出中古音韵分野,这当然是记忆上的重大负担。为此,历朝历代的统治者不得不采取平衡地区取士的做法。

因考方言而生的分省取士

唐代科举尚在草创阶段，正式考试只有省试（此处"省"指尚书省），即中央一级，还没有对各道、州录取名额的分配作制度化规定。总体上还是北方多过南方，如根据《会昌五年举格节文》（845 年）可知，除京师国子监外，解送限额最多的是东都国子监、同州、华州、河中府，解送限额为进士 30 人、明经 50 人；后来有"江浙文人薮"之誉的浙东、浙西两道，所送进士限额不过为 15 人，而明经为 20 人。

五代以后，北方战事频繁，其经济、文教和方言受到了三重打击。科举录取率出现了南北易置的现象。宋嘉祐（1056—1063 年）吴孝宗所撰《余干县学记》说："古者江南不能与中土等。宋受天命，然后七闽二浙与江之西东，冠带《诗》《书》，翕然大肆，人才之盛，遂甲于天下。"在科举录取人数南北比例悬殊的情况下，到北宋中叶，终于爆发了科举取才的南北地域之争。治平元年（1064 年），司马光[永兴军路陕州夏县（今山西夏县）人]提出"分路取人"，即按高级行政区划"路"（相当于当代的省）配给名额，建议以各路、州府考生的十分之一名额录取进士。欧阳修[江南西路吉州永丰（今江西永丰）人]予以激烈回应，坚持"凭才取士"。欧阳修还强调，南北差异不同，如果全国各路都录取十分之一，难免有资质不好的北人滥竽充数。熙宁二年（1069 年），宋神宗和宰相王安石[江南西路抚州临川（今江西抚州）人]，为了照顾北方语音系统不如南方符合《切韵》的劣势，一度取消诗赋试，次年甚至规定京东、京西、陕西、河北、河东五路有优惠待遇。元祐四年（1089 年），朝廷最终规定"经义进士、诗赋进士各五分取人"。这些政策便是分省高考和照顾欠发达地区政策的滥觞。

即便如此照顾，北方的进士也并没有因此增多。南北文教发展程度的差异已经不可逆转。以宋朝的明州/庆元府（今宁波）为例，它只不过是唐朝开元二十六年（738 年）所设立的新州，但在唐宋开发后，一跃成为两宋录取进士最多的州府。

　　元朝继承了宋朝的做法,规定全国选乡试合格者300人赴会试,其中蒙古、色目、汉人、南人各75人,各族又按行省分配名额。会试录取100人,各族也各占25人。

　　明初并未继承分省取士制度,但洪武三十年(1397年)丁丑科会试,北方考生全数落榜。落选的北方士子认为主考刘三吾[湖广茶陵(今湖南茶陵)人]为南方人,因照顾其乡亲而舞弊。太祖朱元璋特命侍读学士张信(浙江定海人,洪武二十七年状元)等人复阅试卷,复查结果是刘三吾并未舞弊,维持原榜不变。北方士子不服,又有人上疏告张信等人和刘三吾暗中勾结。五月,朱元璋下诏称刘三吾等人为"胡蓝余党",实为"谋反",下令流放刘三吾,处死张信等考官和状元陈䢿(福建闽县人)等人。他亲自阅卷,录取了任伯安等61人全为北方人士,无一人是南方人,这就是"南北榜事件"。南北榜事件其实并不是一次惩治科场舞弊的案件,而是朱元璋为笼络北方士人而人为地贬抑南方士人的事件。刘三吾、张信怎么可能会是陈䢿的乡亲。

　　之后,明朝在建文元年(1399年)至永乐二十二年

(1424 年)间,共录取进士 1 938 名,其中南直隶、浙江、江西、湖广、福建、广东等南方进士达 1 621 名,占总数的 83.6％之多。针对此局面,洪熙元年(1425 年),又一个江西籍宰相(内阁大学士)杨士奇提出了南北分卷的设想。宣德二年(1427 年),南北卷制度正式确定,并增加了中卷,其具体细则为:若录取 100 名,则南卷取 55 名,北卷取 35 名,中卷取 10 名。南卷为南直隶的应天及苏松诸府、浙江、江西、福建、湖广、广东;北卷为顺天、山东、山西、河南、陕西;中卷为四川、广西、云南、贵州及南直隶的凤阳、庐州二府及滁徐和三州。

防止冒籍的审音制度

清朝正式形成分省取士的制度。这样保证了文教欠发达地区的录用率,但增加了发达地区学子的录取难度。由于对录取名额有一定的限制,东南省份士子的竞争是非常激烈的。浙江、福建等省,大约是一百零几名中才能取中一人。于是,文化发达地区的考生就想通过冒籍(冒

浙江慈溪校士馆是科举制下举办童试之地（王建勇　摄）

充文化落后地区的考生），使自己更有机会被录取。

　　冒籍是被清廷严厉打击的。《钦定科场条例》卷三十五"冒籍""现行事例"中，第一条即云士子考试俱由原籍送考，"其有假冒籍贯者，该生及廪保一并黜革。因而中式者，革去举人，照例治罪。仍将送考、收考官、出结官、学臣、地方官、教官一并议处"。清朝还规定，自童试起，就只能在本县考。顺治二年（1645年）定下规矩，须祖父、父亲入籍 20 年方可在入籍地报考。唯一例外的是京官弟子，为了防止特权舞弊，他们必须回原籍地考试。康熙年科举史料《何楷题应立乡试条规事本》明确记载："京官子弟应归本省乡试也。"

即便如此，冒籍现象还是屡禁不止。冒籍主要分以下几个方式：冒商籍、冒边远地区籍、冒京籍。相比前两者，作为京师的顺天府，历来是冒籍最严重的地区。顺天府的大兴、宛平二县是京城附郭县，地位特殊，在入学和取士方面享有很明显的优惠。如雍正二年（1724 年），准直隶顺天府、大兴、宛平一学，实分三学，各取进士 25 名。这种不公平也造成了冒籍、学额纷争等问题。边远省份虽然容易考，但是录取名额少。而顺天府所属两京县，得到朝廷的照顾，是录取名额最多的地区，其本地士子的考试水平不如江浙，这就是江南士子喜欢冒两京县籍的原因。

下有对策，上有政策。为了防止考生冒籍跨考，清朝发明出了"审音"制度，并设立了专门的考官——审音御史。审音，即核对考生的口音，以判定是否为本县人。在

1913 年读音统一会确立老国音之前，中国是没有官方语音标准的。如果考生不是土生土长或是有极高语言天赋，很难蒙混过关。这一政策，确实是打击冒籍的利器。某种意义上说，冒籍"审音"也算是考音韵，只不过考的是京音的音韵。

《清实录》曾多次记载审音之事。雍正十二年（1734年）四月二十一日，顺天学政吴应棻上疏称："定例，岁科两试。文武童生，先由本县考取，造册送府，该府再行考试。惟宛平、大兴两县童生，向例止凭审音，并不衡文以定去取。嗣后请照例由县审音，再行考试。"乾隆六年（1741 年）七月四日，通政司右参议薄海奏称："顺天挑选乐舞生，照考试儒童例。取具廪保甘结，由教官加结送县。审音委系本籍，方准选补。至考试时，仍令教官查确，申送院考。如有顶替，将出结各官照例参处。"乾隆四十二年（1777 年）七月二十六日，已经六十多岁的乾隆皇帝还亲自抓出了一个冒籍的绍兴官员，"本日户部三库、带领浙江解饷官绍兴府通判张廷泰引见。听其所奏履历，似绍兴语音，因加询问。据奏，幼曾随父至绍兴，住居数年，遂习其土音等语。此与浙人寄籍顺天者何异？而其言尚未必信然也……至于顺天大、宛两县，土著甚少。各省人民来京，居住稍久，遂尔占籍。从前曾令自行报明，改归本籍。其中或实系无家可归者，亦令呈明原籍某处，一体回避。今张廷泰既系如此"。

"审音"制度是清代科举制度实践中极易操作的措施，其制定的直接目的就是禁止冒籍。不过时至今日，由于学生都会说普通话，且新一代好多00后南方人都不会方言，这个辨别"高考移民"的利器恐怕是无法再使用了。

Macau 并非妈阁: 早期西方人是如何给中国城市取名的?

想必有读者听说过一个说法,澳门葡文名 Macau 源于"妈阁"的音译。严歌苓的《妈阁是座城》,就讲述了一个女人在澳门做叠码仔谋生的故事。那么,Macau 对应的汉字真的是"澳门"吗? 早期西方人又是如何给中国城市(地区)取名的? 这里面有没有规则呢?

妈港和刺桐: 名物误当地名

元末明初,广东香山县的澳门半岛北部开始出现村落,起先称"蚝镜(境)澳"。澳门附近海域,明时以产蚝(牡蛎)而闻名,"澳"指船只靠泊的地方。后来,文人们嫌弃"蚝(蠔)"字土,将"蠔"雅化为"濠",继而出现了"濠镜澳"的雅称。澳门半岛有南台、北台（今日西望洋山和东望洋山），两山高耸相对如门，这是"门"的来历。这样，"澳门"逐渐成为这一地区最常见的称谓。迄今所见最早出现"澳门"地名的官方文件是嘉靖四十三年（1564 年）广东南海人庞尚鹏之奏稿《陈末议以保海隅万世治安疏》，疏云："广州南有香山县，地当濒海，由雍麦至蠔镜澳，计一日之程，有山对峙如台，曰南北台，即澳门也。"

澳门葡文名 Macau，与"澳门"一词的读音相差甚远。有一种流传较广的说法，说是当年葡萄牙人登陆澳门，最早的地点是在澳门半岛西南部的妈阁庙（天妃庙）前。登陆后的葡萄牙人问当地人地名名称。当地人误以为是问这座庙的名字，便答道"妈阁"。葡萄牙人听到后，便以"妈阁"的读音，将其转写为 Macau。

这一说法真的站得住脚吗？"阁"是入声字，澳门话今音为[kok]，尚有-k 韵尾，何况是明代；而 cau 音节无-k 入声韵尾。认为 Macau 是"妈阁"的音转，只是后人的臆断而已。认为 Macau 是"马鲛（马角、马交）"的转写，更是错得离谱，因为澳门马鲛石是在清代文献中才出现的。

至于近年出现的 Macau 是"泊口"(意为靠泊口岸)的说法则是错上加错。

澳门 Macau 虽然不是"妈阁"的音转,但确实与天妃有关。Macau(Macao)其实是 Amagao(阿妈港)的缩写,时人将天妃(清朝升格为天后)称为"阿妈"或"娘妈",因此将澳门天妃庙附近的水域称为"阿妈港(亚马港)"。成书于万历二十三年(1595 年)的《粤大记》绘制了一幅香山县图,图中有"濠镜澳"这一地名。濠镜澳的右侧标有"番人房屋"及房屋图像,继续向右便是"亚马港"。

最早来华的西方人之一利玛窦(Matteo Ricci)在《中国札记》(De Christiana Expeditione apud Sinas)中,也曾明确指出 Macau 得名与阿妈港的关系:"他们(春伟注:指广东官员)从未完全禁止贸易,事实上他们允许贸易,但不能太快,而且始终附有这样的条件:即贸易时期结束后,葡萄牙人就要带着他们全部的财物立即返回印度。这种交往持续了好几年,直到中国人的疑惧逐渐消失,于是他们把邻近岛屿的一块地方划给来访的商人作为贸易点。那里有一尊叫作阿妈(Ama)的偶像。今天还可以看见它,而

《粤大记》香山县图

这个地方就叫作澳门(Amacao),在阿妈(Amae)湾内。"

瑞典历史学家龙思泰(Anders Ljungstedt)在 1832 年出版的《早期澳门史》(*An Historical Sketch of the Portguese Settlements in China*)也称:"(澳门)远在葡萄牙人到此定居以前,就以安全的港湾而著名。因在娘妈角炮台附近有一座供奉偶像的神庙,所供奉的女神称为阿妈(Ama),所以外国作家称之为阿妈港(Amagao, Port of Ama)。"

Amacao 中的 cao 对应的其实是汉字"港",此词本应写作 Amacāo。葡萄牙语没有 ng 韵尾,在拼写 ng 尾汉字的读音时,只能用鼻化符号"~"表示。语言有趋简性,就像本名"阿妈港"很早变成"妈港"一样,Amacāo 也很快缩写成了 Macāo。Amacāo 缩写成 Macāo 后,早期葡萄牙人地图也确实出现过将澳门拼写成 Macāo 的地名。葡萄牙语在拼写时经常省略"~",如此一来 Macāo 就成了 Macao。早期"妈港"的译名有 Macāo、Macao、Macau 等多种写法,后来被统一为 Macau。Macau 与 Amacāo 略远,才造成了回译成汉字时的混乱。

受本地人影响，以名物指代地名的现象不止澳门一例，"泉州"的拉丁文转写 Zayton 亦是如此。五代时晋江王留从效修建泉州城，环城种植刺桐，泉州因此被称作"刺桐城"。宋元时代，"刺桐城"一名被阿拉伯人带到西方，从此有了 Zartan 或 Zayton 等转写。1375 年《加泰罗尼亚地图》(*Atles Català*) 中就出现了 Zayton。

宁波省和广东府：颠倒政区级别

葡萄牙人在澳门一带站稳脚跟后，继续扩大活动范围，Macau（Macao、Macāo）一名逐渐扩大为指代香山县的地名。远方的江南也出现了类似情况：宁波的葡文转写 Liampo，最终扩大成为指代浙江全省乃至整个江南的地名。

1522 年西草湾之战后，葡萄牙人一度被逐出广东。但他们认为与中国的贸易实在太有吸引力了，于是越过广东，从马六甲直接前往福建和浙江。嘉靖十九年（1540年）左右，在中国私商的协助下，浙江定海（今镇海）境内的葡萄牙居留地形成,即当时亚洲最大的走私基地双屿港(Syongicam)。占据双屿之后,葡萄牙人把舟山群岛以及对岸的宁波沿海伸入海中的地带称为 Liampo。

Liampo 在 1554 年葡萄牙人洛波·侯门(Lopo Homen)制作的世界地图中已经出现。而在同一年,意大利学者拉穆西奥(Giovanni Battista Ramusio)出版了《航海与旅行丛书》(*Delle Navigationi et Viaggi*)第三卷。在这本书的地图中,宁波被称作 Niampo。因为葡萄牙人先接触闽南人,而闽南语 n、l 不分,所以 Liampo 其实是闽南语"宁波"的音读。由于当时葡萄牙人接触到的信息有限,不能了解到 Liampo 是个府名,他们不但将 Liampo 误当作省名,甚至还将南京应天府当作"宁波省"的一部分。

Macau、Liampo 这类早期西方地图出现的错误地名,往往不是名从主人,而是西方走私者染指中国造成的。他们不了解地名的界限,也不会被允许去了解地名的界限,于是地图中出现了与实际相差极大的地名。

广州则出现与澳门、宁波相反的现象,它的西文地名

Canton 本义是省名"广东"。受最早来华的葡萄牙私商影响，清代之前的西方人一度认为中国南方只有两个省：其一是 Liampo（宁波省），其二就是 Canton（广东省）。在《中国札记》和《早期澳门史》中，Canton 原本都是指省名广东。Canton 在其他领域的名词也是与省名有关，广东的主要河流珠江称为 Canton River，珠江三角洲则是 Canton Delta。1655 年，意大利地理学家卫匡国（Martino Martini）出版了西方最早的中国分省地图集《中国新地图集》（*Novus Atlas Sinensis*），广东分图省名、府名不混，拉丁文 Qvangtvng 指广东，Qvangchev 指广州。然而，卫匡国的正确记录并未被西方后来者继承，Canton 逐渐成了省城广州最为知名的外文名称。

　　1906 年春季，在上海举行的帝国邮电联席会议对中国地名的拉丁字母转写进行了统一和规范。会上决定，基本上以英国汉学家翟理斯（Herbert Allen Giles）所编 1892 年初版《华英字典》（*A Chinese-English Dictionary*）写法为依据；而闽粤的部分地名有习惯拼法的，可保留不变，如 Canton（广州）、Amoy（厦门）等。这个错误的地名转写被官方机构大清海关确定后，就产生了一个荒唐的现象：在邮政地图中，Kwangtung 指广东，Canton 指广州，但是两个拼音（西文转写）对应的汉字实际上都是"广东"。

《汉语拼音方案》成为我国人名、地名转写标准后，Canton 等早期地名西文转写都被废止不用。然而，它们并未被完全忘却。在广州塔落成之前，广州人就其英文名称是 Canton Tower 还是 Guangzhou Tower 产生过争论。最终，广州塔的正式英文名称还是使用了西方人所熟悉的传统称谓，即 Canton Tower。

入乡亦随俗：京号误当地名

我国还有一种特殊的地名命名方式，就像人有官职一样，地名也有职务。我国古代有多京制的现象，为了区分不同的都城，会依其方位，称作某京或某都。地名的这类头衔被叫作"京号"。唐朝有两都：西京京兆府（今陕西西安）、东都河南府（今河南洛阳）。随着时间的流逝，个别深入人心的京号成为流行于朝野的俗名，以至于人们都快遗忘它们的政区本名。受古代中国人影响，西方人也曾误当京号为正式地名、通过京号来转写当地地名，Peking 这一地名便是典型的例子。

　　Peking 对应的两个汉字是"北京"，但一直到民国，北京的实际政区名从未出现过"北京"。我们今天所熟悉的"北京"其实是明朝以来的俗名。今天的南京市，在明朝洪武年间，真正的政区名是应天府，并拥有"京师"的京号。明成祖朱棣经靖难之变夺得皇位后，于永乐元年（1403 年）升自己的发迹地北平府为"行在"（天子行銮驻跸的所在），并改统县政区名为"顺天府"。永乐十九年正月，朱棣正式以"顺天府"为京师。而旧都应天府获得留都的名分，京号改称"南京"。南北两京制形成后，因留都为"南京"，京师对应地有了"北京"的俗名。

　　1644 年清兵入关，迁都北京，原旧都盛京改为留都。顺治十四年（1657 年），清世祖仿效顺天府的命名和建制，在盛京城内设奉天府。如果按照方位，顺天府俗名应该为"南京"，奉天府为"北京"。但经过几百年的沉淀，"北京"开始与地域挂钩了，成了特指顺天府的地名，民间一直称呼它为"北京"。

那么,为何西方人将"北京"拼作了 Peking 呢? 在我国最早的拼音著作之一、金尼阁(Nicolas Trigault)的《西儒耳目资》里,"北"被记作 pĕ,是当时官话读书音"北"的入声念法[peʔ],略似现行汉语拼音 be 并念短促(收喉塞音)。虽然当时北方话实际口音中已无入声,但是读书音仍旧保留着入声。再是"京"读 king[kiŋ]的由来,它的发音如现行汉语拼音 ging。《西儒耳目资》里的"京"的声母仍然是舌根音 k(汉语拼音 g)。

从明末开始,北方话中与齐齿呼(韵头或主元音是 i[i]的韵母)、撮口呼(韵头或主元音是 ü[y]的韵母)相拼的舌根音 g[k]、k[kʰ]、h[x]向舌面音 j[tɕ]、q[tɕʰ]、x[ɕ]转变。gi、ki、hi 的读音分别变成了 ji、qi、xi。以"希"字为例,它本来读作 hi,类似英语"他"he[hi]的读音;腭化后,读成了 xi。相应地,king 就变成了 jing。即便如此,我国到清末还存在着一个较为保守的南派官话。它保留了入声和舌根音不腭化的读法。在读书音方面,它的影响力甚至要超过北派官话。于是,近代西洋人受南派官话影响，将北京拼作"Peking"。

在南方，明亡后，应天府失去了南京的头衔，也失去了带"天"字的地名，清政府将其改为江宁府。经过几百年的沉淀，"南京"已演变成特指江宁府（应天府）的地名，开始与地域挂钩。这个民间俗名也影响到了西方人，导致他们的地图将清代的江宁府也写成 Nanking。1737年，法国地理学家唐维尔（Jean-Baptiste Bourguignon d'Anville）《中国新图集》（*Nouvel Atlas de la Chine*）中的江宁府就被注为"Nanking"，而此时的中国已经处于清朝乾隆二年。

"北京"和"南京"并非我国最早出现在西方地图上的京号地名，更早的是一个叫 Cansay 或 Quinsay 的京号地名，它们对应的汉字是"行在"。这个"行在"当然不是朱棣的行在，它具体指代的地名是南宋国都临安府，即今天的杭州。南宋在绍兴八年（1138 年）定都临安府后，为显示收复故土的决心，京号不称"京城"，只称为"行在"。《马可·波罗游记》（*The Travels of Marco Polo*）中多次提到的东方最美城市 Quinsay 就是行在（杭州）。"行在"

成了明代以前杭州在西方最为知名的译名,《加泰罗尼亚地图》中的 Cansay 指的即是杭州。

1638 年,德国曾出现一幅凭想象描绘杭州城的铜版画 *Xuntien alias Quinzay*(*Hangchow*,*China*)。原图的 Xuntien 即顺天,明朝京师的政区名"顺天"府,Quinzay 为行在。图名的直接翻译是"顺天别名行在",这当然不妥当。这显然是西方人曲解了 Xuntien 的意思,误以为是"京号"的译名,"Xuntien alias Quinzay"全句应译为"京号为行在"。

我国早期地名的西文转写大部分是西方人的自说自话,都没遵从名从主人的这一重要原则。这给今人寻找早期拼音对应的地名带来了极大的干扰,也给挖掘历史真相带来了很大的难度。即便如此,除了对照地图中的地名位置外,了解一定的语言学知识,对于破解有关地名的真相,也是大有帮助的。

客家话真的是中原古音吗?

有人说"客家人讲话与周围人不一样,一直保留有中原古音"。那么,客家话真的是中原古音吗? 这要从客家人的历史说起。

自称古代北方移民后代的传说并非客家独有

客家话,顾名思义,是客家人说的话。"客家"本来指外来的人,相对本地人而言;现在说的"客家"专指客家民系,是客家人的简称。客家人为中国唯一不以地域命名的汉族民系,主要分布于华南各地,尤其以粤东、粤北、闽西、赣南、台湾西北部的山区为主要集中地。由于客家人传说是古中原人的后代,客家话也就被称作"中原古音"了。厘清客家话是不是中原古音,首先得厘清客家人是不是北方移民后代。

根据罗香林等客家学者的早期说法,客家人是分五次从中原迁移过来的:第一次南迁是在秦始皇时代,第二次是在西晋末期的"永嘉之乱,衣冠南渡",第三次是在唐末黄巢起义时期,第四次是北宋时期的"靖康南渡",第五次是在明末清初时期。因为这些移民是分几次到达客家聚集区的,所以有老客和新客之说。

这种说法有什么问题呢?它把中国移民史所有大规模移民事件全纳入了,可南方哪个地区没有北方移民的历史或传说呢?广府人,甚至越南人,也自称是秦将屠睢、赵佗所带大军的后人。再者,早期的北方人南迁,也和客家人、福建人都无关系。以永嘉南渡为例,娇生惯养的中原士族,会跑到赣南山区,逻辑上也行不通。事实上,士族看上的首先是孙吴时期已经开发过的长江三角洲,王谢家族就把宁绍平原的会稽郡给霸占了。东晋、南朝为安顿中原流民而设的侨州郡县也主要在江苏、安徽沿江地区。

相比之下,那时流入江西的流民极少,在江西设置的侨郡也只有 6 个,而且都在长江沿岸。我国历史地理学奠基人谭其骧先生就说:"江西、湖南二省处皖鄂之南,距中原已远。故流民之来者较少,且其地域仅限于北边一小部分。"许怀林《江西史稿》说:"在寻阳郡(春伟注:今九江一带)内先后设置的侨郡有西阳郡、新蔡郡、安丰郡、松滋郡、弘农郡、太原郡等。"当时进入江西的流民主要安置在寻阳郡,不会再往南了。

在我国南方,自称"最正宗的古代中原后裔,最正宗的古代中原语言"的言论,在各地方媒体上层出不穷。福建某媒体发文称采访了某福建文化学者,称福建保留了中原古音,闽人乃是古中原人的正统传人。台湾地区更是厉害,把外人对闽南人的称呼"福佬"硬解作"河洛",当成是闽人源自中原河洛地区的证据。可是,语言学家通过《诗经》《楚辞》等文献,推导出"河洛"的上古音大致是 ga-grag;通过《切韵》等文献,推导出"河洛"的中古音大致是 gha-lak。这两个读音距离"福佬"的闽南语读音 hok-lo 何止千里。这和南方家谱普遍造伪中原贵胄一样,是往自己脸上贴金的行为。它是汉字文化圈里常见的现象。

客家源于"他称"，并非"自称"

　　客家这一称谓的由来，现在普遍认可的观点是由"他称"变成"自称"。"客家"一词出现的时间并不早，该词直到清朝嘉庆年间才出现，而且只是众多他称的一个。明末清初，由于战乱等诸方面因素，闽、粤、赣之交居民迁往广东中部及沿海地区和广西、江西、湖南、四川等地。这些移民，在江西被称为"广东人""广佬""棚民""怀远人""客籍"，在湖南被称为"棚民""闽粤人""客姓人"，在广西被称为"新民"，在四川被称为"土广东人"，只有在广东中部粤语区被称为"客家"。要是明末闽粤赣之交的居民就以"客家"自名，那么，为什么同是那一带迁出的移民，却不见他们将这一引以为豪的名称带到江西、湖南、广西和四川呢？

　　客家"自称"的时间更是晚到清中叶。清代唯一一份比较详细地谈论"客"的文献，是广东和平人徐旭曾在嘉庆年间《丰湖杂记》中的一段话："客人语言，虽与内地各行省小有不同，而其读书之音则甚正。故初离乡井，行经内地，随处都可相通。惟与土人风俗语言，至今仍未能强而同之。彼土人（春伟注：指粤语区广府人），以吾之风俗语言未能与同也，故仍称吾为客人；吾客人，亦因彼之风俗语言未能与吾同也，故仍自称为客人。客者对土而言。土与客之风俗语言不能同，则土自土，客自客，土其所土，客吾所客，恐再千数百年，亦犹诸今日也。"这段话说明，"客人"最早是本地平原民系（即粤语区人）对山区民系客家人的称呼。后来，原先作为他称的"客人"被客家人所用，变成了自称，但是徐旭曾还未明确使用"客家"一词。

"客家"一词最初见于当时的官方志书中。《（道光）广东通志》卷九三《舆地》引《长宁县志》："当地相传建县时，自福建来此者为客家。"又引《永安县志》："自江、闽、潮、惠迁至者名客家。"道光年间编纂的《佛冈厅志》也称："其方言有土著（春伟注：指广府人），有客家。自唐宋时立籍者为土著……国（清朝）初自惠、韶、嘉及闽之上杭来占籍者为客家。"

如此看来，客家人把"（广府人旁边的）客家"变成

"(中原来的)客家"，和台湾人把他称"福佬"解作自称"河洛"，是一回事。一开始，"客家"是土人(广府人)对这些客人的称呼；时间长了，便逐渐为客人所接受，变成他们的自称。20 世纪 30 年代以来，由于罗香林等客家学者著书立说，客家民系的概念也逐渐形成。而后，原本只在广府使用的"客家人"概念先是扩散到闽、粤、赣的客家大本营；最后又影响到了移民到广西、湖南、四川的客家人，取代了"棚民""闽粤人""广东人"等他称，也变成了他们的自称。

客家话语音面貌并不古老

厘清"客家人"的概念，方便我们了解客家话的历史层次，确定客家话并非上古秦汉时期的语言。上文提及，徐旭曾自称："客人语言，虽与内地各行省小有不同，而其读书之音则甚正。"这里的"读书之音"，是不是指"中原古音"呢？很遗憾，这里的"读书之音"不是"中原古音"，而是当时的北方官话。

1929 年，时任中山大学教授的古直发表《述客方言之研究者》一文，对客家话也有描述："清同治间，曹冲土客械斗……于是究客由来，考其声音，得结论曰：客人声音多合周德清《中原音韵》。"《中原音韵》是元代周德清所作的一本韵书，其所包含的音系大体上反映了近代音的面貌。该书写成于泰定元年（1324 年），到至正元年（1341 年）刊行于世。在古代，作曲和作诗词一样，必须要符合格律，而传统的标准韵书是《广韵》。然而从中古汉语到近代汉语，语音发生了巨大的变化，反映南北朝至唐初语音的《切韵》和《广韵》已经不能体现元代的实际语音了。在作曲中是以《广韵》为标准，还是以实际语音为标准，当时有着不同的意见。周德清属于支持革新的现实派。换句话说，徐旭曾和古直两人的话，实际上是对客家话的明粉实黑了。

客家话已经活到现代了，能活到现代的都是现代汉语，绝不是什么古语。包括吴语、客家话、北方官话在内的诸多方言都继承了中古《切韵》音系，都保存了中古音的一部分特点。但是，中古音还有很多特征，客家话恰恰没有继承下来。以声母为例，吴语太湖片至今仍保留中古全浊声母,而客家话的代表点梅县(今广东梅州市梅县区)话已无全浊声母。

发音方法＼发音部位	全清	次清	全浊	次浊
唇音	帮 p	滂 pʰ	並 b	明 m
舌头音	端 t	透 tʰ	定 d	泥 n
舌上音	知 ʈ	彻 ʈʰ	澄 ɖ	娘 ɳ
齿头音	精 ts	清 tsʰ	从 dz	
	心 s		邪 z	
正齿音	庄 tʃ	初 tʃʰ	崇 dʒ	
	山 ʃ		俟 ʒ	
	章 tɕ	昌 tɕʰ	禅 dʑ	
	书 ɕ		船 ʑ	
牙音	见 k	溪 kʰ	群 g	疑 ŋ
喉音	影 ʔ			
	晓 h		匣 ɦ	
			(喻三 ɦ)	喻四 j
半舌音				来 l
半齿音				日 ȵʑ

《切韵》音系中的声母

发音方法＼发音部位	塞音 清		塞擦音 清		擦音		鼻音	边音
	不送气	送气	不送气	送气	清	浊		
双唇音	p	pʰ					m	
唇齿音					f	v		
舌尖中音	t	tʰ					n	l
舌尖前音			ts	tsʰ	s			
舌根音	k	kʰ					ŋ(n.)	
					h			

梅县客家话中的声母

客家话的部分韵母层次也并不古老,和近代官话类似。鱼虞两韵的分混是切韵时代南北方言的重要差异之一。《切韵序》中说"支脂鱼虞,共为一韵",颜之推在《颜氏家训》中举例说明北人鱼虞相混,南人鱼虞有别。客家话的鱼韵中古层次没有出现分野,倒是镇海话有分野的遗留。

此外,在声调方面,唐宋以来,汉语在四声的基础上区分声母清浊对应的阴调和阳调形成八声,也就是四声八调。梅县话只有 6 个声调,而吴语明州小片的定海话是 8 个声调。

从历史音韵角度分析,也可以证明五次移民说有欠妥当。因为各批北方移民带来的方言是不同的,怎么会操同一种客家话呢;理应像被历朝历代人不断修改的《推背图》,呈现出不同音韵的历史层次才是(可见《澎湃新闻·翻书党》2017 年 11 月 16 日《"预言奇书"〈推背图〉真的准吗?》一文)。

语言都是不断发展变化的,各方言都保留了不同时期的汉语音系特征,梅县话声母是软肋,但韵母多达 76

个。各地方言没有什么正统不正统之分,更没有高雅低俗之分。网络上或现实中,经常会碰到持家乡某某话是"正统汉语"或是"古汉语活化石"观点的人,这是对语言学缺乏了解造成的。要是简单粗暴地反问他是哪个朝代哪个地区的汉语,估计他只会一脸茫然。况且,闽语、粤语、客家话,甚至宣州吴语高淳话,都被一些人称为"中原古音",到底哪个才是呢? 针对类似现象,著名语言学家郑张尚芳先生曾在博客中说:"热爱乡土是好的,但不能异想天开。"

观海卫"燕话"能否做暗语使用?

 浙江慈溪观海卫卫城西北角有一种不同于周围的方言,叫作"燕话"。它本质是一种"军话"汉语方言岛。军话是由历史上的驻军或军屯而形成的一种特殊的汉语方言,主要散布于闽、浙、粤、琼、桂等省。在宁波大市范围内,有两个"军话"方言岛,一个是象山爵溪"所里话",另一个是观海卫"燕话"。

 "燕话"来源于观海卫建卫时,从福宁卫(在今福建霞浦)迁来的军人移民。据《(嘉靖)宁波府志》记载:"洪武二十年,信国公汤和度两寨(春伟注:宋时曾于鸣鹤、向头两地置水军寨)间建城池,置观海卫,兑调福宁卫旗军戍守。"《观海卫志》也提到:"初以余姚居民戍守其地,县去卫不远,戍者多私归。廷命江夏侯(春伟注:指周德兴)更调福建福宁卫旗军戍之。"根据洪武十四年(1381年)正月确立的黄册制度，这批士兵及其随军家属属于卫所军籍，世代相袭，一般情况下不得转入民籍。卫所军户的特殊性决定了民户不敢与卫所军户往来，卫所军户亦少与民户接触。军、民由不同的政府系统管理，分布在同一地域的不同空间，既不杂处，亦少通婚。这样就保证了"燕话"这一闽语方言只在移民后代中流传，因此形成了方言岛。

　　由于方言岛在观海卫城内，"燕话"又称"卫里话"和"城里话"，而过去城外人讲观海卫本地话（以下简称观城话，民间将老镇北、慈北的方言称作"三北话"，属于吴语明州小片），所以城里居民又把"燕话"称为"城里话"，而把现在已成为优势方言的观城吴语称为"城外话"。"燕话"之名的确切来源及含义至今未明，当地有两种说法：一种说法是闽语像燕子那样从遥远的东南海疆飞到这里；另一种说法是"燕话"是家里人、族里人、自己人之间为了避开外人而使用的一种方言，意同"暗话"，具有保密性质。1998 年，游汝杰、徐波两位语言学教授专门对"燕话"进行了调查和研究。他们发现，在观城话里，"燕"与"暗"是同音的，都读[ie⁴⁴]。久而久之，文人则以"燕话"

作为这种闽语的名称记入史料，因而这个闽语方言岛的方言有了"燕话"这一名称。两位教授在调查中还发现，移民后代中，六十岁以上的老人会说"燕话"的较多，主要居住在城北，南门多已不用"燕话"。中青年会不会讲主要与家长会不会讲相关。不过，会讲"燕话"的中青年有的也讲得不很纯正了，而他们的孙辈大多只会说几个常用的词。有的家庭儿子、女儿会讲，但媳妇如果是从十里以外娶来的，就不会讲。双语现象在城里是很普遍的，除了不出门的老太太以外，当时的情况是街面上使用吴语，"燕话"除了老年人相遇寒暄外，只在家庭内部使用。总而言之，观城话是在全镇及附近地区通用的方言，"燕话"的使用范围则限于部分家庭或居民。显然，在观城卫镇，观城话是优势方言，而"燕话"是劣势方言。

由于"燕话"是个方言岛，在慈溪乃至宁波范围内是个另类，普通民众对其了解甚少。所以，"燕话"有不少做暗语的传闻乃至传说，常见的有以下几种：提醒人家防止骗局；虞洽卿在证券交易中用来做暗语，"燕话"发音不涉字义，洋人语言学家尝试破译但无功而返；抗战时期新四军三五支队曾利用燕话联络情报。

在讨论"能否做暗语使用"这个问题前,我们再来了解下"燕话"的本质。上文提到,观海卫军户来自福建霞浦,也就是说霞浦是"燕话"发源地。霞浦方言属于闽东语福宁片,福宁片以福安话为代表,主要通行于闽东北部的交溪和霍童溪流域及其附近地区,使用人口约200万(人口数按1998年出版的《福建省志·方言志》)。除福宁片外,闽东语还有一个主要片区是侯官片。它以福州话为代表,通行于闽江流域中下游至入海口一带。

现在,我们可以一一讨论这些传闻了。先从简单的开始,比如用"燕话"提醒人家防止骗局。在提醒他人的同时也要保护自己,用骗子不懂的暗号或者语言是最好的选择,但这要建立在骗子不懂当地方言的基础上。如果骗子的母语是闽东语福宁片,用"燕话"会暴露自己,用当地的观城话(三北话)或邻近的姚北话反而更适合。如果骗子不是吴语区的,提醒者用观城话也照样有用。所以只要结合当时的实际情况,任何方言都能充当提醒的暗语。

几个传闻中，最荒唐的莫过于"燕话"发音不涉字义，发明传言的人缺乏语言学基本常识。任何语言都由语言形式和语义内容构成，没有义，还能称之为语言吗？从字面上看，这则传言还有"燕话"有音无字的意思。"燕话"发源地闽东语福宁片既然是福建省的汉语方言，怎么会不使用汉字？历史上，连日本、朝鲜、越南都使用汉字。偏偏在传言者口中，闽东语的"燕话"不被当作汉语的一种，还不能用汉字书写。事实上，在"燕话"发源地闽东，很早之前就有了韵书（读者可以理解为用汉字写成的方言字典）。嘉靖四十一年（1562年）戚继光入闽抗倭后，福州就有了韵书《戚参将八音字义便览》，后被合编为《戚林八音》。1892年，英国汉学家翟理斯编成《华英字典》，字典收有12个地区的汉字读音，其中就有福州。1915—1926年，瑞典汉学家高本汉（Bernhard Karlgren）发表了《中国音韵学研究》（Études sur la phonologie chinoise），这部划时代的语言学巨著，也将福州话作为研究对象之一。福宁片也是较早被研究的汉语方言之一，也有不少专著。一本是《安腔戚林八音》，简称《安腔八音》，成书于清乾隆后期。另一本是《简易识字七音字汇》，简称《七音字汇》，成书于 20 世纪 40 年代。还有一本是《福安话西班牙语拼音字典》[*Diccionario Español-Chino*，*Dialecto de Fu-an*（*Houc-an*）]，系西班牙人冯意纳爵（Ignacio Ibáñez）编写，1882 年开始编写字典，1893 年初步完成编写，历时十年多。1941 年，西班牙人高大涵（Blas Cornejo）对字典进行扩充改编，并得到罗江公教学院中文教师郑宜光的帮助，编成后改名《班华字典·福安方言》，最终于 1943 年完成。既然有西方学者能够写出福宁片的方言字典，"洋人语言学家尝试破译但无功而返"的传说当然也是假的，除非他是自我标榜的"语言学家"。

现在，语言工作者调查汉语方言一般使用《方言调查字表》，真按传闻所说"燕话"发音不涉字义，有音无字，不属汉语，语言工作者还使用《方言调查字表》来调查燕话做啥？

若想用一种语言作为秘密传输用具，特别是军事联络用语，能通此种语言的人数不宜过多。电影《风语者》（*Windtalkers*）里提到的纳瓦霍语（Navajo）便是此类。虽然在观海卫能说"燕话"的人是极少数，但是在发源地福建，说福宁片的人口有上百万。抗战期间，福建有 14 个县市先后沦陷，其中包括霞浦县和福安县，日军控制下能懂闽东语福宁片的人少说也有几十万。退一万步，就算日军没有占领霞浦或观海卫城，这也难不倒他们。上文已经解释，闽东语福宁片研究历史已经很长，不但有韵书，也有西方人撰写的近代方言字典。日本汉学家对闽语也有研究，后藤朝太郎的书（《仏印·泰·支那言語の交流》，1942 年）就记有福建方言。有如此便利的学习条件，以侵华日军的智力和情报能力，掌握"燕话"简直不费吹灰之力。因此，就保密性这一点而言，"燕话"和属于明州小片的观城话相比优势并不大，两者都拥有广大的使用人口，并且有大量学习资料。在敌方不熟悉本地语言的情况下，三五支队偶尔用"燕话"（同理，观城话也一样）等方言交流情报还可以，真要长期传递情报，恐怕难逃避敌方侦察。真要说用"燕话"专门传递情报，不但轻视了敌人，远远低估了当时复杂的战争环境，同时对革命前辈也是一种不尊重。

江南祭年风俗带来的词汇

逢年过节，自然少不了讨口彩，见到亲朋好友要多说吉利的话。你若在江南，特别是在北部吴语区（宁波至常州）一带碰到当地人，千万别对人说："祝你寿！"在北部吴语里，"寿头"是傻瓜的意思。要是当地人说你"寿"，也不是在祝你长寿，千万不要以为是为你祝福啊。不过，这个词真的和江南祈求长寿富贵的祭年风俗有关。

从"猪头三"说起

上海话里有一个骂人是傻子的流行词"猪头三"，并有俗语"好捞勿捞猪头三"，意思是明明能拿好处却不拿，就是傻瓜。实际上，骂人者一般也弄不清"猪头三"有什么典故，甚至不知道其真正词义。顾名思义，"猪头三"肯定是"猪"的衍生物。中国传统的猪是黑猪,白色的猪是从西方引进的。旧时的猪又脏又黑,又蠢又钝,形象不佳。江南人常以"猪"或"猪猡"骂不喜欢的人,尤其是蠢人。从文献来看,"猪头三"一词在清末已经出现,并流行于民国时期的上海。

其一,《人海潮》第三十回:"散客道:'肉林中写家信,也只有你猪头三做得出。'朱窦山道:'这碍的甚么。'当即叫彩云拿纸笔来。彩云捧上一个砚子,找了半天,一枝破笔找不到,信笺、信封也没有……散客见着不耐,道:'猪头三,你有甚么要紧话,我替你带个口信便是。'"

其二,《歇浦潮》第八十二回媚月阁说:"可要说说明白,不能拿我扮猪头三,你所请的,究系什么样人?"

那么,"猪头三"有什么典故呢? 它其实源于江南地区祭年用猪牲的习俗。旧时上海人的风俗礼节十分繁复讲究,在新年等节日祭祖之时,祭品必备有三件物,即猪头一只、鸡一羽、鱼一尾,合称"三牲"。三牲中以猪头为首,故合称为"猪头三牲"。三牲在中国的祭祀历史源远流长,《礼记·内则》记载:"冢子则大牢,庶人特豚,士特豕，大夫少牢，国君世子大牢。（郑玄注：皆谓长子。）"东汉末年经学大师郑玄注《周礼·宰夫》云："三牲，牛、羊、豕具为一牢。"三种牲畜放在一个食器（牢）中献祭叫"太牢"，不是三牲俱备称"少牢"，仅献一头小猪称"特豚"。帝王时代祭祀有着严格的等级规定，牛、羊、猪为大三牲，是皇家用的；普通人家只能用猪、鱼、鸡小三牲，即猪头三牲。猪头三牲后来成为民间谢年祭祀用的常见物事，而"猪头三"正是"猪头三——牲"的藏尾语，与骂人为"猪猡"是一个意思。

"猪头三"后来又衍生出"猪头四""者头三"等词汇。1922年出版的《上海指南》第九部分"沪苏方言纪要"专门做了考证："'猪头三'……今引申其义，以为詈人之资，不必尽施之初来之人，殊失'猪头三'之本义。近又有'猪头四'之名词，乃从'猪头三'上滋生而来，已无独立之意义矣。'猪头三'一作'者头三'，'者'字起首三笔为'土'字，讥其土头土脑耳。"

除此之外，无锡方言也有类似俗语。无锡人有"猪头肉，三不精"之说，明着是说猪头没有精肉（吴语指"瘦肉"),实际上常用来形容一个人能力平平,各类本领都不精通。

"寿头"即猪头

同样形容人傻,与"猪头三"相比,"寿头"一词使用的地区更多,范围为北部吴语区。"寿头"一般用来形容愚蠢笨拙、易受欺骗的人。《官场现形记》第八回宁波买办仇五科道:"这种寿头,不弄他两个弄谁?"胡万春《特殊性格的人》:"他笑着说:'我可不是寿头!'"读者很容易判断出,这两个寿头显然等同于傻瓜。

"寿"本来是个褒义词、吉祥词,是生命长寿的意思。《说文解字注》:"久也。久者,从后灸之也。引伸为长久。"历朝历代都尊重长寿的老人,清朝还把百岁老人称为"寿民",甚至要由地方最高官员总督、巡抚正式向朝廷申要旌表。《清会典·礼部·仪制清吏司四》记载:"寿民给予'升平人瑞'字样,寿妇给予'贞寿之门'字样。"陈康祺《郎潜纪闻》也提到:"定例:凡寿民、寿妇年登百岁者,由本省督抚题请恩赏,奉旨给匾建坊,以昭人瑞。"然而在江南,"寿"却成了贬义字词。《简明吴方言词典》将"寿"字解释为:"形容词。傻,土头土脑;不通世故,不懂人情。"

那么这种特殊的字义是如何产生的呢?"寿头"一词其实与"猪头三"同源,也与祭祀年俗有关,也是指猪头。江南一带以猪头祭年的风俗大同小异,清代杭州文学家吴锡麒所辑《武林新年杂咏》记载:"岁终祀神尚猪首,至年外扰足充馔……定买猪头在冬至前,选皱纹如'寿'字者,谓之'寿字猪头'……于是腌透风干,以备敬神之用。"旧时部分黑猪的猪头上皱纹特别多,且凹凸不平、弯里弯曲,看上去像个繁体的"壽"字。江南人为讨吉利,便以喜用此种猪头作为祭品。直到今天,江南农村依旧有挑选"寿头"的习俗。所以,"寿头"是"寿字猪头"的简称。

如果直接说人家是"猪猡"和"猪头三",一来显得粗俗,二来太露骨。用"寿头"拐着弯骂人,就比较隐晦。久而久之,"寿头"就成为民间流行的骂人俗语。"寿头"一词还派生出"寿头寿脑""寿里寿气""寿兮兮"等形容人愚钝的词汇。就连寿星也被牵连，如嘉兴民谚"寿星唱曲子——老调"。

"寿"和"寿头"又被形容男人好色。晚清张春帆创作的一部艳情小说《九尾龟》曾言："官商两途的嫖客，大约寿头码子居多。"这不单单指这些嫖客傻。如果有年轻女子形容一个男人"寿"，一般是指他"好色"。

"寿头"也不尽然是贬义词，要看语境。苏州有"好男要带三分寿"的俗语，这是指男人在情侣面前要装得傻一点。如一对情侣，男方珍惜对方给他织的毛衣，舍不得穿，女方柔情嗔怪："寿头，弙丈冷个天为啥不着我结个绒线衫？"这里的"寿头"就没有一丝贬义，倒是充满爱意。

"宗牲"其实是"众生"

上海还有个骂人的词[tsoŋ sā]（接近汉语拼音：zong sang），有人认为和祭祀用的牲口有关，常写作"宗牲"。"宗"有供奉、尊奉之意，《说文》："尊祖庙也。"又有人写作"众牲"，以为是家畜牲口的合称。

上述写法都不对,这个词的含义远比牲口深远,它的本字应该是"众生"。"众生"原是佛教用语,指所有生命体,如"众生平等"。近古以来,它的词义逐渐缩小,限指畜生。《水浒传》第三十回:"常言道:'众生好度人难度。'原来你这厮外貌像人,倒有这等禽心兽肝!"晚清吴语小说《负曝闲谈》第十七回"出乡里用心寻逆子"中,写媛媛骂子文:"耐格种人呀(你这种人)……真正是只众生!"吴语里还有"众生弗如"的说法,就是指这个人坏到连畜生也不如。

众多明代小说也可证明[tsoŋ sā]一词原是佛教用语"众生"。《欢喜冤家》第三回:"自古道:众生好度人难度,宁度众生,莫度人生。"《金瓶梅词话》第十九回:"你这个堕业的众生,到明日不知作多少罪业。"明人李诩在笔记《戒庵老人漫笔》"今古方言大略"卷中已经为今人做了解释:"六畜统呼为众生。"

从字音角度也可证明此词是"众生"而不是"宗牲"。现代上海话不分"宗""众",但是在分"宗""众"读音的吴语地区,这个词的前字读翘舌音,所以只可能是"众",而不会是"宗"。

　　骂人不雅,不过知道这些方言词汇的来历后,一来不至于被人损了还不知情,二来可以了解一下各地特殊的民风民俗。

拼音记史

"双鸭山大学"？专有名词回译的那些事

几年前，神翻译"双鸭山大学"（Sun Yat-sen University）引起了网友注意，事后作者解释这只是一个梗。其实，类似的神翻译出现过不少，比如大家熟知的"常凯申"和"诗人昆仑"事件，而这类笑话都是专有名词"出口转内销"后回译不正确惹的祸。

回译与汉字专有名词回译

回译，是指把 A 国语言描写 B 国文化的作品翻译成 B 国语言。专有名词回译是回译中比较重要的一部分，包括人名、地名、书刊文章名、官职头衔名等的回译。按理来说，对于以 B 国语言为母语的译者而言，回译应该比顺译（即将 A 国语言书写的 A 国文化翻译成 B 国语言）

更得心应手，但实际并非如此。回译潜藏着对译者的考验，无异于译者在读者面前暴露了自己的学识水平。

以汉字专有名词的回译为例。我们只看汉语拼音并不能判断确切的汉字是什么，因为同音字很多；只看拉丁字母也不能判断确切的汉字是什么，因为古今汉语的拼音方案数不胜数，而海外华人的汉字名基本不是汉语拼音，想翻译到位需要仔细研究和查证。比如"苏"字，大陆和台湾是 Su，香港是 So，澳门是 Su，新加坡是 Soh，马来西亚则有 Soh、Saw、Soo 三种。这就要求译者了解多种汉语的拼音方案，特别是 20 世纪前半世纪通用的威妥玛-翟理斯式拼音。该拼音也称"威氏拼音"，由英国人威妥玛（Thomas Francis Wade）于 1867 年在《语言自迩集》中制定，翟理斯（Herbert Allen Giles）于 1892 年在《华英字典》中确立，当时被普遍用来拼写中国的人名、地名等专有名词。

还有些姓名是基于方言音的转写，如 Sun Yat-sen 就是"孙逸仙"三字的粤语读音。马来西亚华人没有固定的拼音，都是根据自己的母语读音来拼写，比如"陈"字就有

Tan 和 Chan 等读音。可以根据姓氏读音判断祖籍地，读 Tan 的一般是闽裔，读 Chan 的一般是粤裔。此外还有一种情况，就是姓名中夹有外文名，比如影视大王邵逸夫的英文名是 Run Run Shaw，来自其本名邵仁楞的谐音。未来的学者如果不知道前因后果，恐怕无法将 Run Run Shaw 和邵逸夫对上号。

近代以来，一些外国汉学家由于喜欢中国文化，也往往起中文名字，更增加了专有名词的回译难度。《华英字典》的作者 Herbert Allen Giles 的汉名是"翟理斯"；而他的搭档 Edward Harper Parker 就没这么好运，好多人将他译作"帕克"，遗忘了他的汉名"庄延龄"。

当代知名的回译门事件

在 2008 年 10 月出版的《中俄国界东段学术史研究：中国、俄国、西方学者视野中的中俄国界东段问题》一书中，某知名大学历史系教师将 Chiang Kai-shek 译为"常凯申"，成为又一起学术笑料。

　　Chiang 是"蒋"的威妥玛式拼音,其对应的汉语拼音为 Jiang。新中国制定、推行汉语拼音之后,国内不再使用威妥玛式拼音,但威氏拼音法至今仍在西方学术界较为流行。这里的另外一个陷阱在于,Kai-shek 为"介石"的粤语拼音,而不是根据普通话读音的拼写。Chiang Kai-shek 其实就是"蒋介石"三字夹着粤语音的威妥玛式拼音写法,而当事人不懂威妥玛式拼音,把方言音直接对接到普通话拼音,依照现代汉语拼音的相似音节翻译,结果闹出了笑话,蒋介石因此被人称作"常公"。

　　除此之外,此书还将费正清(John King Fairbank)、林同济、夏济安等学术名人误译为"费尔班德""林 T. C.""赫萨"等洋味十足的陌生名字。

　　从现实情况来看,在一定范围内,威妥玛式拼音仍然是不容忽视的客观存在,一些涉及我国重要史实并且载入重要史料文献的本国知名人士,他们的姓名英文拼写方式依然沿用威妥玛式拼音。除了上面提到的蒋介石之外,另一知名人士孙中山的姓名也有"神翻译"存在。孙中山曾当过医生,因此又被称作孙逸仙医生(Dr. Sun Yat-sen),

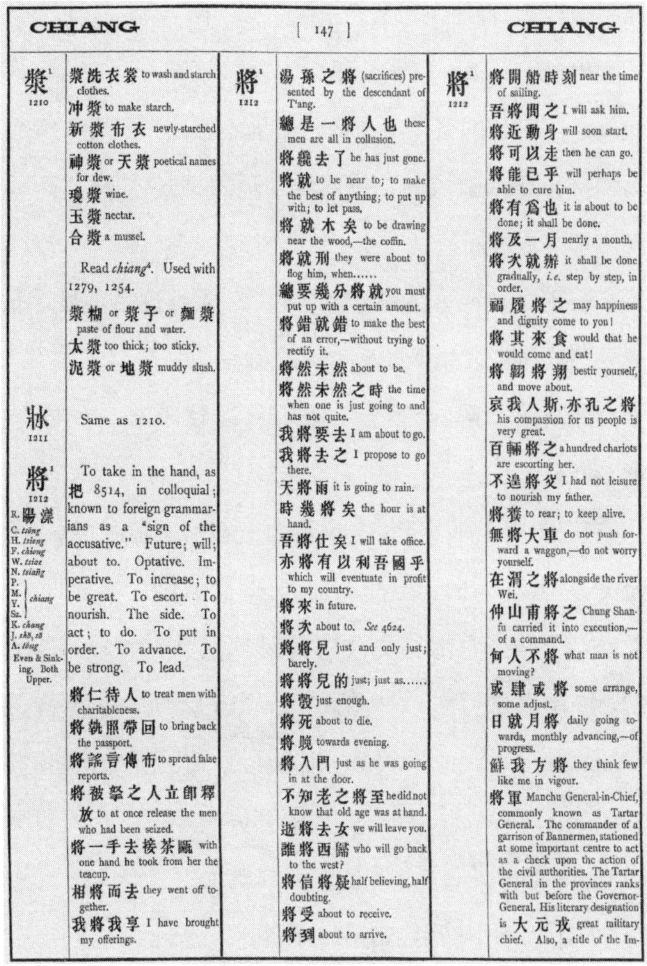

CHIANG [147] CHIANG

漿[1] 1210

漿洗衣裳 to wash and starch clothes.
冲漿 to make starch.
新漿布衣 newly-starched cotton clothes.
神漿 or 天漿 poetical names for dew.
瓊漿 wine.
玉漿 nectar.
合漿 a mussel.

Read *chiang*[4]. Used with 1279, 1254.

漿糊 or 漿子 or 麵漿 paste of flour and water.
太漿 too thick; too sticky.
泥漿 or 地漿 muddy slush.

牀 1211

Same as 1210.

將[1] 1212

R. 陽漾
C. *tsöng*
H. *tsiong*
F. *chiong*
W. *tsiae*
N. *tsiañg*
P. M. Y. Sz. *chiang*
K. *chang*
J. *shō*, *sō*
A. *tōng*
Even & Sinking. Both Upper.

To take in the hand, as 把 8514, in colloquial; known to foreign grammarians as a "sign of the accusative." Future; will; about to. Optative. Imperative. To increase; to be great. To escort. To nourish. The side. To act; to do. To put in order. To advance. To be strong. To lead.

將仁待人 to treat men with charitableness.
將執照帶回 to bring back the passport.
將謠言傳布 to spread false reports.
將被拏之人立卽釋放 to at once release the men who had been seized.
將一手去接茶甌 with one hand he took from her the teacup.
相將而去 they went off together.
我將我享 I have brought my offerings.

將[1] 1212

湯孫之將 (sacrifices) presented by the descendant of T'ang.
總是一將人也 these men are all in collusion.
將纔去了 he has just gone.
將就 to be near to; to make the best of anything; to put up with; to let pass.
將就木矣 to be drawing near the wood,—the coffin.
將就刑 they were about to flog him, when......
總要幾分將就 you must put up with a certain amount.
將錯就錯 to make the best of an error,—without trying to rectify it.
將然未然 about to be.
將然未然之時 the time when one is just going to and has not quite.
我將要去 I am about to go.
我將去之 I propose to go there.
天將雨 it is going to rain.
時幾將矣 the hour is at hand.
吾將仕矣 I will take office.
亦將有以利吾國乎 which will eventuate in profit to my country.
將來 in future.
將次 about to. *See* 4624.
將將兒 just and only just; barely.
將將兒的 just; just as......
將彀 just enough.
將死 about to die.
將晚 towards evening.
將入門 just as he was going in at the door.
不知老之將至 he did not know that old age was at hand.
逝將去女 we will leave you.
誰將西歸 who will go back to the west?
將信將疑 half believing, half doubting.
將受 about to receive.
將到 about to arrive.

將[1] 1212

將開船時刻 near the time of sailing.
吾將問之 I will ask him.
將近動身 will soon start.
將可以走 then he can go.
將能已乎 will perhaps be able to cure him.
將有爲也 it is about to be done; it shall be done.
將及一月 nearly a month.
將次就辦 it shall be done gradually, *i.e.* step by step, in order.
福履將之 may happiness and dignity come to you!
將其來食 would that he would come and eat!
將翺將翔 bestir yourself, and move about.
哀我人斯，亦孔之將 his compassion for us people is very great.
百輛將之 a hundred chariots are escorting her.
不遑將父 I had not leisure to nourish my father.
將養 to rear; to keep alive.
無將大車 do not push forward a waggon,—do not worry yourself.
在渭之將 alongside the river Wei.
仲山甫將之 Chung Shan-fu carried it into execution,—of a command.
何人不將 what man is not moving?
或肆或將 some arrange, some adjust.
日就月將 daily going towards, monthly advancing,—of progress.
鮮我方將 they think few like me in vigour.
將軍 Manchu General-in-Chief, commonly known as Tartar General. The commander of a garrison of Bannermen, stationed at some important centre to act as a check upon the action of the civil authorities. The Tartar General in the provinces ranks with but before the Governor-General. His literary designation is 大元戎 great military chief. Also, a title of the Im-

1912 版《华英字典》“将”字条

结果被译为"商雅森博士"。在"常凯申"事件之前，国内还曝出过 Sun Tzu（孙子）变成了"桑卒"，Lao Tzu（老子）变成了"劳祖"的事件。这都是因为不知道"子"字的威妥玛式拼音 Tzu 造成的。按照威妥玛式拼音，"子""字"等汉字都拼成 Tzu。

宋子文被西方人称作 T. V. Soong，这是他姓名的威妥玛式拼音 Tsu-ven Soong 的简写。要是有学术界人士对此缺乏了解，会不会一鸣惊人地翻译出一个"宋电视"来？

"安得倚天抽宝剑，把汝裁为三截？一截遗欧，一截赠美，一截还东国。"毛泽东的词作《念奴娇·昆仑》脍炙人口，不过，当它由德文被一名副教授"内销"译成汉语后，作者竟成了"诗人昆仑"。"门修斯"是吉登斯（Anthony Giddens）《民族-国家与暴力》（*The Nation-State and Violence*）一书的中译本中对孟子的英译 Mencius 的回译名，因译名极不规范而广为人知，"门修斯"亦被专门用来指代错误的译名。

最早的汉语拼音著作是何书？

现代汉语拼音方案吸收和继承了章太炎的注音符号、赵元任等人的国语罗马字、瞿秋白等人的拉丁化新文字的特点，但是我们不能把这些语言学家称为汉语拼音的发明人，因为汉语拼音的源头一直可以追溯到明朝。1958年1月中国人民政治协商会议全国委员会的报告《当前文字改革的任务》中指出："采用拉丁字母为汉字注音，已经经历了350多年的历史。1605年，来中国的意大利传教士利玛窦（Matteo Ricci）最初用拉丁字母来给汉字注音。1625年，另外一个法国传教士金尼阁（Nicolas Trigault）又用拉丁字母给汉字注音的办法著了一部《西儒耳目资》。"可以说，利玛窦的《西字奇迹》和金尼阁的《西儒耳目资》影响了汉语拼音的产生，是汉语拼音著作的鼻祖。

尝试：利玛窦的《西字奇迹》

利玛窦（字西泰，又号清泰、西江）出生于教皇国马切拉塔（今意大利马切拉塔），他是中西科技史上绝对无法忘却的一个人。在东亚，他以科学家、数学家的身份而闻名；而不为大众所熟知的是，他同时也是一个出色的语言学家。他和来自那不勒斯的意大利同乡罗明坚（Michele Ruggieri，号复初）是最早用拉丁字母给汉字注音的人。

16 世纪之前，西方文献关于中国语言的记载不多，研究更无从谈起。明朝时，随着欧洲新航路的开辟，大批耶稣会传教士来到了这个古老而陌生的帝国。作为早期来华的西方人，由于汉字和西字大相径庭，他们首先需要解决语言文字这一难题。他们认识到，在中国这样一个与西方文化截然不同、有着自身完备文化体系的大国进行各种活动，必须学会中国的语言和汉字。为了能够掌握汉字发音，他们摸索出一套用拉丁字母给汉字注音的方法。最早进行这一尝试的就是罗明坚和利玛窦。

1934 年，意大利汉学家、耶稣会士德礼贤（Pasquale M. D'Elia）在罗马耶稣会档案馆发现了一组手稿，共 189 页，长 23 厘米，宽 16.5 厘米，其中第 32—165 页是一部葡萄牙语和汉语对照的辞典。据语言学家杨福绵考证，这部手稿是罗明坚和利玛窦于 1584—1588 年间在广东肇庆完成的。中外语言学界一般将此手稿称为《葡汉辞典》。

辞典中的拼音系统，是目前已知最早的汉语拼音方案。它的声韵母拼写设计尚未定型，有不少混乱和相互矛盾的地方。如"怕"和"罢"都拼成 pa，"他"和"大"都拼成 ta；"起"有 chi、chij、chiy 三种拼法，原因是当时意大利语的 i、j、y 通用。可见当时用拉丁文字给汉字注音还在摸索阶段。杨福绵说："《辞典》中的罗马字注汉字音，是汉语最早的拉丁字母拼音方案，是利氏及《西儒耳目资》拼音系统的前身，也是后世一切汉语拼音方案的鼻祖。"（《罗明坚、利玛窦〈葡汉辞典〉所记录的明代官话》，《中国语言学报》第五期，1995 年）

经过一段时间的学习，利玛窦逐渐对汉语有了更深刻的认识，在具有音乐特长的同乡郭居静（Lazzaro

Cattaneo)的帮助下，他发现汉语存在声调："一共有五种
不同的声调或变音，非常难于掌握，区别很小而不易领
会。"(利玛窦、金尼阁《利玛窦中国札记》)两人参照乐谱
音阶，改良了拼音方案。他们根据汉语语音的特点，用五
种符号表示不同声调，此方案较之《葡汉辞典》无疑成熟

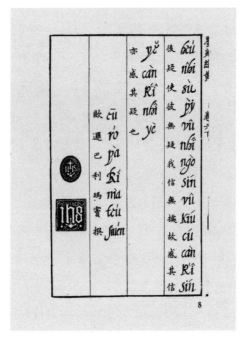

《西字奇迹》作者落款

了许多。1605年，利玛窦在北京出版了《西字奇迹》，用的就是这套方案。

《西字奇迹》原书很早就已散佚，据说梵蒂冈图书馆尚有藏本。明末《程氏墨苑》存有其中的《信而步海，疑而即沉》《二徒闻实，即舍空虚》《淫色秽气，自速天火》《述文赠幼博程子》4篇文章，文中所有汉字皆附有拉丁字母注音。中华人民共和国成立后，文字改革出版社将这些文章重印出版，并取名为《明末罗马字注音文章》。

著名语言学家罗常培根据汉字和拉丁字母对照，整理出一个包括26个声母和44个韵母的明末官话音系。较之《葡汉辞典》方案，新方案最大的进步有两点：一是标出了辅音送气符号，避免了"怕""罢"不分；二是创造了5个声调符号来区别声调。这体现了利玛窦等人对汉语语音认知的深化。

利玛窦的《西字奇迹》只是几篇文章，还不能称为汉语拼音专著。1626年，金尼阁在利玛窦方案的基础上继续完善汉语拼音方案，并以此写成了完整系统地记录明末官话音系的专著，这就是我国第一部汉语拼音专著——《西儒耳目资》。

完善：金尼阁的《西儒耳目资》

金尼阁（字四表），生于西属尼德兰佛兰德斯杜埃（今法国杜埃），自称比利时人。他和上述诸人一样，同属耶稣会，1610 年秋到达中国后，即跟从郭居静等人学习汉语。1625 年，金尼阁前往陕西传教。翌年，他在关中大儒王徵的协助下，完成《西儒耳目资》三卷。

关于《西儒耳目资》的成书地，长期以来有两种说法：一是浙江杭州说，一是陕西西安说。结合金尼阁的生平，加上中方合作者王徵是西安府泾阳县人，后者的可能性较大。王徵是明末著名的科学家、语言学家，与上海的徐光启齐名，两人并称"南徐北王"。徐光启和利玛窦合译《几何原本》，王徵和金尼阁合著《西儒耳目资》，也算是我国科技史和语言学史上的佳话了。

《西儒耳目资》书名很有意思："西儒"说明作者本人是喜欢中国文化的西方人；"资"有帮助之意；耳朵可听字

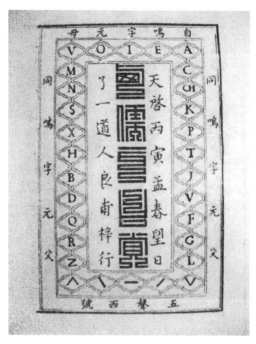

《西儒耳目资》封面

音，但不见字形，本书可从音查出字，这就补充了耳朵的欠缺，此即"耳资"；眼睛可看字形，但不闻字音，本书可从字查到音，这就弥补了眼睛的缺陷，即"目资"。自序说："幸至中华，朝夕讲求，欲以言字通相同之理。但初闻新言，耳鼓则不聪；观新字，目镜则不明，恐不能触理动之内意。欲救聋瞽，舍此药法，其道无由，故表之曰《耳目资》也。然亦述而不作，敝会利西泰、郭仰凤、庞顺阳〔春伟注：利玛窦字西泰，郭居静字仰凤，顺阳是耶稣会士庞迪我（Diego de Pantoja）的字〕实始之。愚窃比于我老朋而已。"作者很是谦虚，明言自己不是此汉语拼音方案的发明人，只是继承了利玛窦的拼音方案，故而后来的语言学家把他们的方案称为"利-金方案"。

据金尼阁自述，《西儒耳目资》的编撰目的是使中国人能在三天内通晓西方文字体系。全书共分三卷：一是《译引首谱》，为总论，陈述编撰经过，介绍音韵学的基本知识；二是《列音韵谱》，以音查字，按拉丁字母顺序排列汉字；三是《列边正谱》，是以字查音，按汉字部首排列。

《西儒耳目资》通过引入中国音韵学知识介绍拼音方案，大大方便了中国读书人了解西洋拉丁字母。它的拼音方案也在利玛窦的基础上大大改良。比如在声母设计上，利氏常常"一音多号"，即用多个字母表示一个音，而金氏几乎做到了"一音一号"。这固然有金氏对汉字字音较前人了解更深的原因，当然也离不开中方合作者王徵的贡献。两人在成书过程中多有讨论，相互质证，细加评核。根据《西儒耳目资》的记载，明末官话音系计有 21 个声母、50 个韵母、5 个声调。

"利-金方案"的出现对当时中国的音韵学者有很大的启发。我国古代主要采用直音或反切的方法给汉字注音。直音，就是用同音字注明汉字的读音，如果同音字都是生僻字，就是注了音别人也读不出来。反切是古代最主要且使用时间最长的注音方法，它是用两个汉字给另一个汉字注音，反切上字与所注字的声母相同，反切下字与所注字的韵母和声调相同。然而，由于古今音变以及学反切先要学汉字，通过这种方法教学汉字并不经济。金尼阁的拼音方案只用 25 个字母和 5 个声调符号就可以拼读出当时官话的全部音节，这种经济且简便的汉字注音方法引起了有识之士的关注。明末音韵学家方以智说："字之纷也，即缘通与借耳。若事属一字，字各一义，如远西因事乃合音，因音而成字，不重不共，不尤愈乎？"清朝学者杨选杞则说："一日出《西儒耳目资》以示余，予阅未终卷，顿悟切字有一定之理，因可为一定之法。"

　　利玛窦、金尼阁等西方学者，是为汉字注音开辟新天地的第一批人。但在之后的两三百年间，由于清朝雍正之后的闭关锁国政策，只有极少数国内语言学家知道用拉丁字母给汉字注音的方法，而这一方法直到晚清西学东渐之风再起。

传承：丁韪良的罗马字书籍

　　鸦片战争之后，清政府被迫允许洋人定居开放口岸，客观上重新打开了西学东渐之门。从此，大批传教士蜂拥而至，其中的佼佼者和领事馆汉学家一样，成长为重要的汉学家群体——传教士汉学家。他们也和利玛窦、金尼阁一样，采用拉丁字母给汉字注音，其中最有影响力的那位汉学家来自美国印第安纳州的小城利凡尼亚。

　　1850年，一个美国年轻人来到了宁波。当时谁也不会想到，这个年轻人将会成为中国近代史上非常重要的一个人物。他就是丁韪良（William Alexander Parsons Martin，字冠西，号惪三），以"中国近代教育的奠基人"和

"多产的汉学家"而著称于世。他是 19 世纪最著名的传教士汉学家，在中国生活了 62 年，其在中国活动的时间之长、活动范围之广以及影响之大，为同期的其他汉学家所远不及。西方学者至今认为，对清廷影响最大的外国人中，他仅次于英籍雇员赫德(Robert Hart)。

丁韪良在宁波一上岸，就认定这片古老而伟大的土地将是他一生的讲坛。他非常自信，甚至可以说是非常自负，这点从他给自己取的字"冠西"即可看出来，而他的所作所为也足以证明这一点。与同行者不同，他一开始就和当地人住在一起。为了和当地人交流，就必须掌握方言。丁韪良自己发明了一套拼音，又将这一套拼音介绍给其他传教士，得到了他们的支持，并于 1851 年 1 月组成了一个学社，宗旨是"为了确定一个用以把宁波口语写下来的拼音系统"。这个系统就是宁波话教会罗马字，最早的宁波话学习教材《鄞邑土音》就采用了这个拼音方案。

丁韪良在宁波进行教育活动，并不是偶然为之，而是深思熟虑后的行动。他一开始就把儿童作为科普的重要对象,他所有的科普书籍都是用宁波话拼音书写的。丁韪良一生著译浩繁,其中最为珍贵的是科普书籍《地理书》和《地球图》。《地理书》是丁韪良刚来宁波时的作品,这套书共四册,185页,1852年在宁波江北岸(指宁波三江口甬江北岸)华花圣经书房刊印,第一册曾于1859年重刊。此书目的是向宁波少年儿童传授世界地理知识,这也是国内同时期首创。全世界目前无人收齐此书全套,它是中国早期西式儿童科学教育及中文拉丁化的罕有物证,在收藏界属于无价之宝。

《地理书》的书名页有一幅木刻图,画一个老师站在地球仪后面,三名学生凝神听讲。除书名页有中文外,全书以宁波话拼音书写。"相土所宜,利有攸往"是此书封面内页上的一句话,意思是说人要根据不同地区的地理特点行事。这个原则也影响了20世纪30年代的拉丁化新文字,新文字就讲究拼音化、方言化、大众化。《地理书》的正文除文字外,还有三幅折页木刻地图,其中一幅为大清一统图,两幅为东西半球地图。此外,另有一幅折页木刻画,画中为一列火车、一艘明轮轮船及一座英国饭堂。

1853 年,《地理书》的姐妹篇《地球图》也于江北华花书房出版。该书也用宁波话拼音书写。全书 23 页,共有 11 幅地图。地图集里的地名大部分是基于《瀛寰志略》里汉字的宁波话读音转译。书中的地图分别是东半球、西半球、欧罗巴地图、北亚美利加地图、阿非利加地图、亚细亚地图、南亚美利加地图、《圣经》地图、中国地图、宁波府底下六县地图、浙江省邑地图。最后两张地图也充分体现了前作《地理书》封面提到的"相土所宜,利有攸往"之本土化原则。除地图外,文字部分为地理知识问答。此外,他还编有一本叫《算法开通》的数学入门读物,也属罕见之物。

丁韪良的汉语拼音虽然和"利-金方案"不同,但在实践层面上仍是对利玛窦等人的继承,影响了整个在华西方汉学家群体。至 1870 年,宁波出版的罗马字书籍达 50 种以上,作者涉及 22 人。从出版物数量、内容、作者群等方面来看,宁波的罗马字书籍可以说是整个吴语区乃至全国的引领者。

　　到了 1854 年,丁韪良的宁波话和官话已经炉火纯青,这意味着他有更大的发展空间。1860 年,丁韪良决定离开宁波,前往京师。从此,他逐渐实现了做教育家的梦想,从北京崇实馆的校长到京师大学堂的总教习(这也是他被今人称作北京大学首任校长的原因),还被光绪帝赐予二品顶戴。由于他地位显赫,又是历经晚清道光、咸丰、同治、光绪、宣统五朝直至民国的中国通,当时来华的美国人到了北京之后,最重要的事就是去拜访住在西山的丁韪良。

　　几十年后,丁韪良在北京完成回忆录《花甲忆记》(*A Cycle of Cathay*),在书中描述了他年轻时候的岁月:宁波"是一个我毫不夸张地说'尽管你缺点很多,但我爱你始终不渝'的城市……在这里找到了毕生的友谊,花了很长时间学习中国知识,也写出了一些最好的作品"。就后世影响力来看,如果世人把罗马字拼音当成他最好的作品,一点也不为过。作为开埠后最早设计汉语拼音的西方人之一,丁韪良本人也一直在为汉字改革而努力。即使 1906 年上海帝国邮电联席会议已经将翟理斯初版《华英字典》中的拉丁字母拼写法定为汉语拼音标准，他还是在次年向清廷传达了制定官话罗马字的建议和愿望。

丁韪良等人的活动刺激了 20 世纪初中国语言文字领域的改革，拉丁化字母最终成为清末切音字到新中国成立后诸汉语拼音的滥觞。新中国成立后，我国研制现代汉语拼音的时候，老一辈领导人和语言学家也没有忘记西方汉学家为汉字改革做出的贡献。他们将西方汉学家的拉丁字母历史著作编成了《拼音文字史料丛书》作为参考之用，而身为汉语拼音鼻祖著作的《明末罗马字注音文章》《西字奇迹》)和《西儒耳目资》，也理所当然地名列其中。

鸦片战争时期英军侵占舟山的书证
《英华仙尼华四杂字文》

　　1840 年爆发的鸦片战争是划时代的历史事件，是中国近代史的开端。战争的直接后果是清政府签订《南京条约》，割让香港给英国。在战争中，舟山与香港同遭厄运。英国发动战争的首要目标是舟山，并打算割占此地，而最近才在网上出现的中、英、印三文词典《英华仙尼华四杂字文》便是这一历史事件的重要见证。

英军计划内的工具书

　　英国政府策划鸦片战争的时候，就将攫取中国土地作为目标。时任英国外交大臣的巴麦尊（Henry John Temple, Lord Palmerston）是发动这次侵华战争的主要

决策者。他于 1839 年 10 月致函英国驻华商务总监义律
(Charles Elliot)说,英国政府已决定对中国用兵,远征军
将于第二年春抵达,届时将占领舟山群岛或厦门作为作
战基地。11 月 14 日,巴麦尊在致海军部的密信中说:"女
王陛下政府认为舟山群岛的某个岛屿很适合此目的。舟
山群岛的位置处于广州与北京的中段,接近几条通航的
大河河口,从许多方面来看,能给远征军设立司令部提供
一个合适的据点。"(英国外交部档案《巴麦尊子爵致海军
勋爵专员们》,见《鸦片战争在舟山史料选编》第 470 页)
义律也大肆鼓吹舟山的"有利条件",称"舟山群岛良港众
多,靠近也许是世界上最富裕的地区,当然还拥有一条最
宏伟的河流和最广阔的内陆航行网"(英国外交部档案
《海军上校义律致海军少将梅特兰》,1840 年 2 月 21 日,
见《鸦片战争在舟山史料选编》第 476 页),其腹地江浙是
当时中国最重要的出口商品丝茶的主产区。1840 年 7 月
和 1841 年 10 月,英军先后两次攻占定海(清代属宁波
府,通行方言为吴语太湖片明州小片,即宁波话)。第二
次占领舟山后,英军就设立军政府,以求长期统治。

要统治异邦民众,必然要了解本地方言,显然侵略者已经提前做好了准备,《英华仙尼华四杂字文》便是随军学者的作品。《英华仙尼华四杂字文》为中文名,中文封面后有英文为"A Manual for Youth and Students, or Chinese Vocabulary and Dialogues, Containing an Easy Introduction to the Chinese Language. Ningpo dialect; Compiled and Translated Into English, by P. Streenevassa Pillay. Chusan, 1846"。"仙尼华四"为人名"Streenevassa"的音译,即这本词汇集的编者 P. Streenevassa Pillay,他是一位来自印度马德拉斯(今泰米尔纳德邦金奈市)的高种姓学者。如今的泰米尔纳德邦通行的语言是泰米尔语,也有一部分讲泰卢固语的人。根据字典采用泰卢固文推断,他本人的母语可能是泰卢固语。英国在 1841 年至 1846 年间占领宁波府属下的舟山群岛。马德拉斯是东印度公司在南亚的重要基地之一,当时被派到舟山的有马德拉斯的军人,仙尼华四应该也是从这里跟随军队到达舟山的。根据文中作者所写的英文序言,他随马德拉斯的部队远征中国,1842 年至 1846 年随军队驻于舟山。他在英军中担任 Head conicopoly（首席会计，conicopoly 源自泰米尔语 kaṇakkappiḷḷai，即"会计"之意）的职务，在现金管理部门工作。在舟山期间，他一直在学习汉字及宁波方言，并受军方要求，编写一本宁波方言工具书。

《英华仙尼华四杂字文》封面上印有"大清道光二十六年仲夏，大英一千八百四十六年五月"，"定海舟山南门

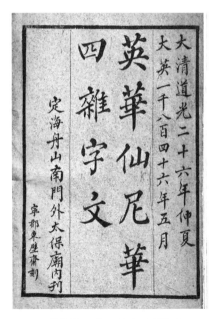

《英华仙尼华四杂字文》封面

外太保庙内刊，宁郡东壁斋刻"字样，从中也可以看出该书与英国在鸦片战争后占领舟山的那段历史有关。定海太保庙在英军占领期间被破坏，于 1847 年（英军撤出后第二年）大修，应是在英国占领期间一度被改成了印刷作坊。

三语对照的奇书

《英华仙尼华四杂字文》书名虽称"英华"，实际上该称"英华印"才是。除中英文外，此书还出现了第三种文字——印度泰卢固文。词典的历史地位不容忽视，它是吴语地区出现的第一本方言英汉词汇集，也是中国第一部中、英、印（泰卢固文）三种文字对照的词汇集，其规模也居当时同类词汇集之首位。此时传教士尚未进入中国内地，还没有对中国的各地方言进行系统的记录和研究。

编辑词典时，编者得到了英军军人 James Jackson 以及 Shonge Shing 和 Chew Haikoo 的帮助。结合词典诞生的时代背景，通过姓名读音可以判断，后两者应该是本地人。中文序言也应该是出自他们之手，其中说道"若贸易之中货物相交，非言语精通不可得而致也"，"其意至浅易明，彼可教我，我亦可教彼，彼此皆可以相通教也"。可见编书目的之一是让宁波人学习英文或泰卢固语，让英国人和印度人（泰卢固人）学习宁波话。中文序言还说"惟智者不肯坐失其时，苟能争先学成英语，早登利路，陶朱可致，猗顿能期"。所言即为宁波人利用此词汇集学习英文的好处，代表了早期与洋人接触过的中国人的看法。

《英华仙尼华四杂字文》正文分为中英文目录、英文读音表、英文主要音节及宁波方言词汇，后两部分的汉字均为宁波方言发音。英文字母和主要音节采用谐音模仿的形式注音，里面汉字的注音，需用宁波方言来读，发音尽管别扭、破碎，但也比较相似。

巧合的是，宁波商人1860年编写的《英话注解》中的英语单词、短句，也是采用宁波话注音。这种语法、读音不准，带有宁波腔的英语被称作"洋泾浜英语"。洋泾浜英语曾在上海滩风靡两个世纪，后来成为被广泛使用的商业语言。要是《英华仙尼华四杂字文》的中方合作者能够看到这种情景，肯定会深感欣慰。

词汇是《英华仙尼华四杂字文》的主要组成部分。词汇共有72门，如天文、说亲、交友、生产、书房、海防厅、城垣、国度、节气等。可见词汇主要包含风俗民情、经济、政治等方面，实是为了让英方了解舟山，方便驾驭当地民众。

正文中，每页被分成6个格子，每格1个词。每词右下角都有该词在本门中的序号，方便读者查找。格子里一般有4列文字，分别是：英语词汇的宁波话读音（用汉字注音）、英语词汇、宁波话词汇、宁波话词汇的读音（用泰卢固文注音）。需要读者注意的是，书中的泰卢固文就是宁波话词汇发音的音译，而不是泰卢固语的意译。

以"门"字为例，ఎంలీ（罗马字转写为 maṅg）即泰卢固文的注音；"door"为对应的英语词汇，"度而"则是宁波话给英语的注音。右下角的"48"即是它在本门中的序号。

用泰卢固文给宁波话注音，只是方便了印度人（泰卢固人）学习宁波话；对英国人而言，学习就相对不便了。对欧美人士来说，这样处理不如后来传教士的罗马字拼音来得方便。这恐怕也是此书后来不流行的原因吧。

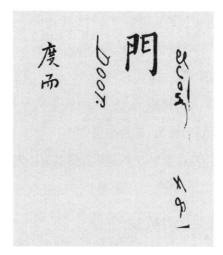

《英华仙尼华四杂字文》"门"字条

几乎被历史遗忘的词典

1846年,清政府还清了全部赔款。英国政府认为违约拒交舟山势必造成清政府的强烈反抗,带来难以预料的后果,归还舟山的意见遂占了上风。4月4日,中英两国签订《英军退还舟山条约》,条约规定:英国交还舟山,同时清政府保证不将舟山割让他国;承认英国对舟山拥有保护权。当年 6 月，英军全部从舟山撤出。舟山结束了长达五年半的军事占领时期。

词典出版之时已经是 1846 年 5 月，正是两国交接之际，所有外国人一律撤出。虽然编辑字典是英军占领舟山初期有计划的行为，但后来英国不再寻求对舟山的殖民统治，已经没有了学习宁波方言的动力和需求，字典显然失去了保存的价值。从词典中文目录也可以推测，当时撤军比较匆忙，打断了原有的编书计划。目录最后有"计三千一百九十三句，后附英华问答"的字样，可见原计划还要附上一些对话。仙尼华四撤离之时，《英华仙尼华四杂字文》也没时间出售，而且该书非常厚，本身印数也不会很多。在匆忙撤离之时，词典可能有一部分被军队带走了，而大部分都被遗落在了舟山，不知所终。

五口通商之后，以丁韪良为代表的传教士成为记录和研究中国方言的主要群体，他们发明的罗马字方言拼音从宁波迅速扩散到整个吴语区。传教士汉学家编著的工具书，如《宁波土话初学》和《宁波方言字语汇解》，至今影响着语言学界。而在传教士方言文献一统吴越的同时,《英华仙尼华四杂字文》却几乎被人遗忘。加上此书不是传教士的作品,甚至都无法进入他们的作品目录,只有极少数汉学目录书对其有记载。1907年《汉学书目》出版时,《英华仙尼华四杂字文》已经标示为"极其稀有"。如果这本词典在宁波府的陆地区域发行,或为进入宁波的传教士所编,想必它的命运就不至于如此,在中国的影响可能要大很多,至少知道它的人会多一些。

《英华仙尼华四杂字文》虽为第一部中、英、印词典,但长久以来仅大英图书馆和牛津大学图书馆等少数机构还藏有保存完好的词典原本,只有少数幸运人士能一睹真迹。这就使得《英华仙尼华四杂字文》缺少关注,影响极小。笔者在中文文献中至今只见到游汝杰先生的《西洋传教士汉语方言学著作书目考述》以及郭红先生的《新教传教士与宁波方言文字事工考》提及此书。可喜的是,谷歌在2016年完成了大英图书馆藏本的数字化。《英话注解》一度被认为是江浙地区最早的一本英语教学工具书,《英华仙尼华四杂字文》的发现,可以使江浙地区的英语读本编写史至少再往前推20年。

首个中文拼音标准的设计者威妥玛

为什么北京大学叫作 Peking University，而不是 Beijing University？还有，为什么清华大学是 Tsinghua University，而不是 Qinghua University 呢？因为这是邮政式拼音（Postal Spelling System）。在 1958 年现代汉语拼音成为国际标准之前，世界上第一个中文拼音标准是威妥玛式拼音及其变体邮政式拼音。威妥玛式拼音（Wade-Giles System），习惯称作威妥玛或威氏拼音、韦氏拼音、威-翟式拼音，是一套符合英语母语人士习惯的、用于拼写中文读音的拼音系统，由英国汉学家威妥玛（Thomas Francis Wade）在《语言自迩集》（1867 年）中建立，并由英国汉学家翟理斯在《华英字典》（1892 年）中完善。

身怀天赋的侵华先锋

1842 年 6 月，作为鸦片战争的参与者，英国远征军第98 步兵团中尉威妥玛也一起来到了古老的中国。我们不得不承认天赋这种东西的存在：到达香港后，威妥玛成为军队中唯一懂汉语（粤语）的人；而且他的文字水平进步相当神速，这使他成为港英当局的中文翻译。

由于并不喜欢军队生活，威妥玛于 1847 年退伍，做了英国驻华商务监督署汉文副使。自此以后，他一生的成就都与汉语学习息息相关。咸丰三年（1853 年），英国人趁上海小刀会起义之机，强占江海关。威妥玛时任英国驻上海副领事，他利用自己的汉语能力，为英国捞取了不少好处。次年，苏松太道吴健彰被迫与英、法、美驻沪领事签订协定，允许三国各派税务司一人掌管江海关，首开侵略者直接管理中国海关之恶例。英、法、美三国取得上海海关控制权后，威妥玛被委任为上海海关第一任外国税务司。

　　1855 年,威妥玛辞去海关职务,任驻华公使馆汉文正使,专心从事汉学工作。开埠后来华的传教士和领事官因身处开埠港口,基本上学习的是当地的方言,设计的是方言拼音。威妥玛则与他们大不相同,他虽然生活在香港和上海,但由于工作原因,他长期和来自北京的清朝中央政府官员交往密切,使用北京官话的需求越来越强烈。当时的威妥玛错误地认为北京方言是优势方言,只要掌握北京方言,就能掌握朝廷和政府部门通行的官话。于是,早在 1847 年的广东,威妥玛结识了一个祖籍浙江兰溪的北京人应龙田,并请他做自己的北京话教师。

　　1856 年和 1857 年,威妥玛先后对一批英国译员进行了中文水平测试,结果不堪入目。他发现没有科学且合适的教材是主要原因。为了更好地服务于英国殖民者,他决定改革学习模式,亲自上阵,编写北京官话教材。第一部教学书便是 1859 年的《寻津录》。

　　《寻津录》封面正中间写着"CONTRIBUTIONS TO THE STUDY OF CHINESE",足见此书的目的。封面除"寻津录"三个醒目的大汉字外,底下还有"泰山不让土

録　津　尋

THE

HSIN CHING LU,

OR,

BOOK OF EXPERIMENTS;

BEING

THE FIRST OF A SERIES

OF

CONTRIBUTIONS TO THE STUDY OF CHINESE.

BY

THOMAS FRANCIS WADE,

CHINESE SECRETARY.

泰　不　土　河　不　細
山　讓　壞　海　擇　流
Lǐ Szŭ, B.C. 251.

HONGKONG.

MDCCCLIX.

《寻津录》封面

壤,河海不择细流"两行小字。此语出自战国时期李斯《谏逐客书》:"泰山不让土壤,故能成其大;河海不择细流,故能就其深。"威妥玛引用此话告诫学习者,学习汉语要日积月累,积少成多。

《寻津录》共分三部分:第一部分是"天类"(与天相关的句子),第二部分是《圣谕广训》的第一章,第三部分是北京话语音练习(EXERCISES IN THE TONE AND PRONUNCIATION OF THE PEKING DIALECT)。读到这里,大家可能会疑惑:北京话为什么被拼写成"PEKING DIALECT"呢? 因为当时除了北京官话外,还有个势力比较强大的南京官话,由于相对接近韵书,它的影响力甚至要超过北京官话,成为读书音的标准。如南京官话的声母分尖团,北京官话口语音不分,但北京话读书音也需要分尖团。南京官话还存在入声,于是口语没入声的北京话读书音也不得不存在入声。这样,西洋人受南派官话影响,将北京拼作了"Peking"。

《寻津录》书后附有一张《北京话音节表》,来源于1855年应龙田以樊腾凤《五方元音》为基础制作的词汇表。这份音节表就是后来享誉世界的"威妥玛拼音"的雏形。作为北京人，应龙田将《五方元音》中不存在于北京官话口语的字音从表中剔除，根据北京话的实际读音完全取消了入声调。由于应龙田的这一做法，在后来的《语言自迩集》出版时，威妥玛师徒遭到了当时的西洋汉语权威卫三畏（Samuel Wells Williams）的强烈抗议。

一统拼法的京音教材

1867年，威妥玛的《语言自迩集》初版四卷本在伦敦出版。书名典故来自儒家经典名著《中庸》："君子之道，辟如行远，必自迩。"威妥玛沿用了自己在《寻津录》中的指导思想：学习要循序渐进。本书英文副标题"A Progressive Course —— Designed to Assist the Student of Colloquial Chinese as Spoken in the Capital and the Metropolitan Department"，道明了此书的编著目的：一套循序渐进的课程——供通行于京师和直隶衙门、使用汉语口语的学生使用。

　　纯粹以北京话口语语音为标准的字典,在当时被认为是反传统的,相当部分的官话教材还是以传统韵书的音系拼写的。英国汉学家艾约瑟(Joseph Edkins)就认为用来读书的官话音就应该参照传统官话韵书的音系拼写。他的《官话课本》(*Progressive Lessons in the Chinese Spoken Language*,1885年)字音就是参照《五方元音》的音系拼写。不管如何,由于《语言自迩集》以北京口语音为标准,其成为西洋学生学习的样本,客观上提高了北京口语音的地位。《语言自迩集》还使日本的中国语教科书告别南京官话,开始转向北京官话教学。

　　初版《语言自迩集》在序言中强调:"本书的基本功能是帮助领事馆的学员打好基础,用最少的时间学会这个国家的官话口语,并且还要学会这种官话的书面语。"威妥玛对教学对象和教学目的做到了精准定位,他培养出一批精通北京官话的翻译和外交官,为英帝国牟利。

　　《语言自迩集》正文部分分为:第一部分《发音》、第二部分《部首》、第三部分《散语》、第四部分《问答》、第五部分《续散语》、第六部分《谈论篇》、第七部分《练习燕山平仄编》和声调练习、第八部分《言语例略》以及附编。威妥玛虽然在读音方面无视读书音，但在字形方面还是不敢突破常规。《语言自迩集》仍旧以清代官修字典《康熙字典》214 部首为纲，每个部首依序号、威氏拼音、部首、英文释义及例字顺序横排。作为一本北京官话工具书，《语言自迩集》在词汇上具有强烈的口语色彩。第三部分《散语》出现了大量北京方言词汇，如"今儿""明儿""后儿"，而并不是以文言文词汇作为教学目标。

不管如何，作为一部出色的汉语工具书，《语言自迩集》已经取得了巨大的成功。《语言自迩集》初版一经问世，便为各国驻华使馆使用，英国公使馆将这部口语教材指定为学习汉语的基础教材。《语言自迩集》无论在语言学、北京话语音史和对外汉语教学史上都具有重要价值，不过它最具影响力的地方在于确定了一个拼音方案。威妥玛拼音的设计在科学性、完善性上达到了当时的最高水平，后世国际音标设计以及各类汉语拼音方案设计无不受其影响。

威妥玛式拼音的主要特点是：

（1）声母符号 25 个。其中 ch 和 ch'分别代表了两组读音，实际上是 4 个声母：与开口呼、合口呼相拼时，其音值相当于普通话的 zh 和 ch；而与齐齿呼、撮口呼相拼时，其音值相当于普通话的 j 和 q。ts/tz、ts'/tz'、s/ss 等 6 个符号实际上代表着 ts、ts'、s 等 3 个声母，tz、tz'、ss 这三个符号是专门为与 ǔ[ɿ]（普通话"资"字的韵母）相拼而设的。ng 声母实际上在北京话中不存在，y、w 则是两个零声母。因此，实际上声母只有 21 个。

（2）有送气音符号，只是与利玛窦-金尼阁拼音方案的位置相反，即利-金拼音方案的送气音符号在左上角，而威妥玛式拼音的送气音符号在右上角。

（3）韵母共计 41 个。与现代普通话相比，多了三个韵母：io、üo、iai。在威妥玛式拼音中，ê 是央元音，而 e 却不能作单韵母，只能在复合韵母中出现。

《语言自迩集》出版的次年，即 1868 年，威妥玛收了一个徒弟。年轻的英国人禧在明（Walter Caine Hillier）通过了外交部的来华考试，正式成为翻译学生，师从威妥玛学习中文。他所使用的教材正是刚刚出版的《语言自迩集》。1886年,禧在明协助已经是剑桥大学汉学教授的威妥玛,一起修订了《语言自迩集》,并在上海出版,此为第二版。威妥玛过世后,禧在明又于1903年在上海出版了第三版两卷删节本。

不过,后两版《语言自迩集》并未像初版那样取得成功。威妥玛和他的嫡传弟子禧在明,出人意料地败在了一个半路杀出的狂人手中。这个狂人的书不但改良了威妥玛原有的拼音,还取代了《语言自迩集》成为中文拼音新的标准,并成为19世纪末和20世纪上半叶最有名的汉英字典。这个狂人便是有着"西方汉学界公敌""19世纪英国汉学三大星座"之一之称的翟理斯,这部划时代的巨著叫作《华英字典》。

20世纪最有名的英汉字典《华英字典》

晚清开埠以后,西风东渐,大量西洋外交人员来到了古老的中国。为了工作和生活,他们学会了地道的汉语和方言。他们顺此门径,进而研究中国的语言、文学和历史。他们对中国文化非常痴迷,不但取了汉名,甚至把爱好放在了主业之上,乃至学有所成,转型为大学教授,成为专业的汉学家。这部分人员,现在常被称作"领事馆汉学家"。被誉为"19世纪英国汉学三大星座"之一的翟理斯(Herbert Allen Giles),正是这群人中的杰出代表,"20世纪头30年最流行的一部巨型汉英词典"——《华英字典》(*A Chinese-English Dictionary*)则是他的代表作品。

立志编撰工具书的领事官

翟理斯出生于英国牛津的一个文人世家。1867 年初,经父亲朋友的推荐,翟理斯参加了英国外交部驻华使领馆工作人员的选拔、培训与考试,后被任命为翻译学生,被派遣到北京。翟理斯在北京学习汉语,最初使用的工具书有三本。第一本是马礼逊(Robert Morrison)的《五车韵府》。翟理斯初学汉语时,曾经一个人孤零零地待在一间房间里。面对一个根本不会说英语的老师,唯一可以帮上他忙的就是马礼逊的《五车韵府》。正因为如此,他后来在编撰汉语工具书时,才能设身处地地为初学者考虑。同年,威妥玛(后来成为剑桥大学第一任汉学教授)编撰的《语言自迩集》出版,很快成为当时英、美各使馆工作人员学习汉语的必备教材。此书创立的拉丁字母拼写、拼读汉字的方法,被称作威妥玛拼音。这是翟理斯学汉语的第二本工具书。第三本是中国儿童启蒙读物《三字经》。

学习汉语后,作为初学者的翟理斯就萌发了编辑汉语工具书的想法。他晚年曾说:"从1867年算起,我主要有两大抱负:1. 帮助人们更容易、更正确地掌握汉语(包括书面语和口语),并为此做出贡献;2. 激发人们对中国文学、历史、宗教、艺术、哲学、习惯和风俗的更广泛和更深刻的兴趣。如果要说我为实现第一个抱负取得过什么成绩的话,那就是我所编撰的《华英字典》和《古今姓氏族谱》。"从这番话中,我们不难看出《华英字典》在作者本人心目中的地位。

年轻的翟理斯对统一汉语拼音法也有了相当深刻的认识,"尽管威妥玛拼法还存在着种种不足,但是在领事馆和海关颇受欢迎","尽管标准拼法有缺陷,但是,自编音译方法的个人如不使用标准拼法的话,只能阻止前进的步伐"。他开始有意识地思考并改进汉语拼音的方式。

1872年,学习汉语尚不足5年,翟理斯就出版了第一本汉语学习著作——《汉言无师自明》(*Chinese without a Teacher: Being a Collection of Easy and Useful Sentences in the Mandarin Dialect with a Vocabulary*)。

如果说《汉言无师自明》为西方人掌握汉语口语提供了一条便捷之路的话,《华英字典》则为外国人学习汉语书面语提供了巨大帮助。

1874 年起,翟理斯开始着手收集编撰汉英字典的相关资料。1888 年,他在结束休假准备返回中国时,向英国外交部提出了申请,说如果可能的话,请将他派驻宁波或镇江,因为这两个领事馆的工作十分清闲,有利于他编撰《华英字典》,事实上此时他早已住在宁波了。除了清闲外,还有个原因是他对宁波相当熟悉。1873 年,翟理斯就曾在宁波任职;1880 年,在厦门担任领事期间,他还曾义救一批宁波未成年少女,为自己在当地博得了足够的声望。英国外交部便顺水推舟,派他前往宁波领事馆任职。

两大汉学家通力合作的成果

翟理斯来到宁波之后,很快就投入字典的编撰工作,把编撰字典当成首要事情。在任期内,除了给英国驻华使团提交了四份常规报告和一份强制性的年度贸易报告

之外,翟理斯将其他精力都花在字典编撰上。由于这部
字典工作量巨大,他便邀请庄延龄(Edward Harper
Parker)来做关于汉语方音方面的工作。

在这里,有必要提一下庄延龄。庄延龄也是英国领
事馆汉学家。他对汉语方言的学习和研究有着相当高的
造诣,据说可以和来自中国任何一个省的人用当地的方
言进行交流。这虽然有夸张的成分,但却可以反映庄延
龄非常擅长汉语方言。《中国评论》(*The China Review
or Notes and Queries on the Far East*)是清末在香港出
版的一份英文汉学期刊,被称作"西方世界第一份真正的
汉学期刊"。庄延龄在此刊发表了多篇论文,论文涉及汉
口方言、北京方言、客家话、福州话、扬州话、温州话、宁波
话等多种方言,他被当时人誉为"研究中国方言的最高权
威"。正因为如此,翟理斯邀请庄延龄协助自己做汉语语
音方面的工作。

1892 年 1 月至 11 月,上海别发洋行(Kelly and
Walsh,Limited)陆续出版了第一版《华英字典》三卷。字
典出版之前,很多书商都不看好这本书,拒绝赞助或购

A

CHINESE-ENGLISH

DICTIONARY

BY

HERBERT A. GILES

H.B.M. Consul at Ningpo

Μεγάλων ἀπολισθαίνειν εὐγενὲς ἁμάρτημα

LONDON

BERNARD QUARITCH

15 PICCADILLY

SHANGHAI, HONGKONG, YOKOHAMA, & SINGAPORE

KELLY AND WALSH, LIMITED

1892

1892 年初版《华英字典》封面

买。然而问世之后，它很快成为外国学生人手必备的日常工具书。因为字典的实用性实在太强——它包含了12个地方的汉字读音，这也是字典的重要特色。字典由庄延龄用威妥玛方案标注了各地方言音和域外汉字音，分别用大写英文字母 C（广东）、H（客家）、F（福州）、W（温州）、N（宁波）、P（北京）、M（华中，即汉口）、Y（扬州）、Sz（四川）、K（高丽）、J（日本）、A（安南）等表示。翟理斯所选择的方言都是比较有代表性的方言，尤其是开埠港口的方言。在19世纪，宁波这样的开埠港口，只有少数读书人懂得官话，地方盛行的通常不是北京官话，而是本地方言。一些翻译学生在英国驻华公使馆学了北京官话之后，来到了条约港口，却发现自己所学的官话根本就用不上。所以，字典受到如此欢迎，也就不奇怪了。

初版《华英字典》的诞生也被视为威妥玛拼音方案修订和确立的标志，威妥玛式拼音因而又被称作"威妥玛-翟理斯式拼音"。1906年春季，上海举行了帝国邮电联席会议。会议决定对中国地名的拉丁字母拼写法进行统一和规范，并决定基本上以翟理斯所编初版《华英字典》中的拉丁字母拼写法为依据。只是为了适合打电报的需要，会议决定不采用任何附加符号（例如送气符号等）。新方案被称作"邮政式拼音"，是威氏拼音的变体。翟理斯年轻时制定的统一汉语拼音的目标终于实现了。

在现代汉语拼音推广之前，威妥玛-翟理斯式拼音法盛行了近百年，直至联合国于1977年正式改用汉语拼音拼写中国大陆地名。不过，纵然汉语拼音已跃升为国际中文交流的通用标准，许多过去已广泛使用并成为英文外来语的中文词汇，仍以威妥玛式拼音的方式表示，例如：功夫（Kungfu）、太极（Taichi）、道教（Taoism）。

不断完善的历史巨著

初版《华英字典》虽然获得了巨大的成功，但还存在太多错误，由此招致大量质疑和批评，其中最激烈的就来自合作者庄延龄。面对庄延龄的激烈批评，翟理斯不得不写信给庄氏寻求和解。于是，第一版出版之后，翟理斯就开始修订《华英字典》，这项工作整整持续了二十年。

这二十年来，翟理斯不断地修改错误，删除重复和多余的部分，编制了一张勘误表。

1909 年至 1912 年，经过修订后的第二版《华英字典》陆续分卷发行。第二版共计 1 813 页，而第一版则是 1 461 页。这部巨著共收汉文单字 13 848 个，每个单字都有编号并给出其多项英文释义，多字条目的收录数量更是超过了此前任何一部汉英词典。翟理斯认识到单个汉字的意思是复杂多变的，在第二版序言中指出："不可能用单纯的释义方式将单个汉字丰富的意思讲清楚。"同时他还引用了一位教授的话，对汉字加以形象的比喻：每个汉字"就像一只变色龙，它依据周围的环境确定自己的颜色"。就是说汉字只有在组成词或词组时才能有确切的意思。因此在第二版中，翟理斯补充了大量词汇，这些新词汇主要来源于他日常阅读的中国古籍和当代书籍。

《华英字典》的检索手段也是比较完善的。正文按威妥玛拼音系统的拉丁字母顺序排列。同形异音字互设参见项。另设汉字偏旁部首索引，读者可以按汉字部首笔画检索。整部词典设有多种附录，包括 6 个有关中国历史、地理、文化的附录，内容极其丰富。它对中国文化的传播和西方人学习、了解、研究中国文化起到了重要的桥梁作用，为汉学研究作出了重要贡献。字典影响了几代外国学生。加拿大汉学家福开森在评价翟理斯时也曾说："他最大的成就在于使学习中国语言和文学变得容易多了。在这个方面，曾经在中国生活过的任何一个西方人都不是他的对手。"

《华英字典》被认为是翟理斯一生中最大的成就。他返回英国之时（在初版诞生后），就已经顶着大汉学家的光环。1897 年，翟理斯全票当选为剑桥大学第二任汉学教授，坐上首任教授威妥玛逝世后空出的位置，一坐就是三十多年。1911 年，为表彰翟理斯编撰第二版《华英字典》，法兰西学院决定向他颁发汉学工作者梦寐以求的儒莲奖。

在第二版序言里，翟理斯曾用汉字成语"饮水思源"表达他的心情，这点也体现在他的作品中。他所取得的成就，与他在宁波工作的时光密切相关，以至于他的著作署名下面常常写着"剑桥大学汉学教授及大英帝国驻宁波前任领事"的头衔。可惜的是，今天几乎没有本地人知晓，在车水马龙、行人如梭的宁波江北岸，百年前生活着一个名扬中外的汉学巨匠，诞生过一本恢宏巨著《华英字典》。

西方地图上的北京为何被拼作 Peking?

我们今天见到的晚清和民国时期地图,尤其是西方人制作的地图中,"北京"大多被拼作"Peking"。许多英语词汇如北京大学(Peking University)、京剧(Peking Opera)也都是"Peking",而不是今天常见的"Beijing"。这是怎么回事呢? 这其实牵涉到北京地名史、汉语音韵史、汉语拼音史三方面因素。

北京其实是个俗名

"Peking"对应的两个汉字是"北京",但一直到民国,北京的实际政区名从未出现过"北京"二字。我们今天所熟悉的"北京"其实是明朝以来的一个俗名。

我国古代王朝常设有多个都城,为区分不同都城,会依其方位称作某京或某都。唐朝有两都：西京京兆府（今陕西西安）、东都河南府（今河南洛阳）。北宋有四京：东京开封府（今河南开封）、南京应天府（今河南商丘）、西京河南府（今河南洛阳）、北京大名府（今河北大名）。此处的"某京/都"就是相应都城的头衔，一旦失去都城地位，它们就不再与京号发生联系。

　　今天的南京市，在明朝洪武年间的统县政区名是应天府，并拥有"京师"的京号。明成祖（太宗）朱棣经靖难之变夺得皇位后，于永乐元年（1403 年）升自己的发迹地北平府为"行在"（天子行銮驻跸的所在），并改统县政区名为"顺天府"。永乐十九年正月，朱棣正式以顺天府为京师。而旧都应天府获得留都的名分，京号改称"南京"。这样，明朝形成了南北两京制。

　　南北两京制形成后，因留都为"南京"，京师相应地有了"北京"的俗名。这一俗名甚至出现在了明朝官方史书《明实录》中，如《太宗文皇帝实录》永乐三年八月二十五日记载："增置北京顺天府税课司副使二员。"

　　1644 年清兵入关，迁都北京，旧都盛京改为留都。顺治十四年(1657 年)，清世祖福临仿效顺天府的命名和建制，在盛京城内设奉天府。如果按照方位，顺天府的俗名应该为"南京"，奉天府为"北京"。但经过几百年的沉淀，"北京"开始与地域挂钩了，成了特指顺天府的地名，民间一直称呼它为"北京"。

1914 年 10 月，北洋政府将顺天府改为省级政区京兆地方，又称"京兆特别区域"。城市型政区"市"也在民国初年出现。1914 年 6 月，北洋政府在顺天府下设京都市政公所统辖城区，置督办一名，由内务总长兼任。1918 年 1 月，北洋政府定市名为"京都"。1922年 6 月，确定京都为特别市，内务总长仍兼任京都特别市行政首长。1928 年，北京结束了作为民国首都的历史。同年 6 月，国民政府将京都市政公所改为北平特别市政府。

综上可见，明、清及民国三代，"北京"这个地名在正式政区名中其实一直没出现过。但这个名词除了在国内深入人心外，还影响了西方人，使他们也将顺天府/京兆地方/京都市的城郭称为"Peking"。

Peking 是保守官话的读音

Peking 和 Beijing 的读音听起来相差甚远，这是因为语言一直在变化，Peking 不是晚清的北京话读音。

我们可以通过金尼阁的《西儒耳目资》了解明末清初"北京"的官话读音。金尼阁是明末耶稣会士，生于西属尼德兰佛兰德斯杜埃（今法国杜埃），故自称比利时人。1610 年秋，金尼阁到达中国后，跟从郭居静等人学习汉语。1626 年，他在关中大儒王徵的协助下，完成《西儒耳目资》三卷。

《西儒耳目资》里的"北"被记作 pě，是当时官话读书音"北"的入声念法［peʔ］，略似现行汉语拼音 be 并念短促（收喉塞音）。虽然当时北方话实际口音中大多已无入声，但是读书音仍旧保留着入声。

再是"京"读 king［kiŋ］的由来，它发音如现行汉语拼音 ging。《西儒耳目资》里的"京"的声母仍然是舌根音 k（即现代汉语拼音的 g）。但也是从明末开始，北方话中与齐齿

《西儒耳目资》"北"字条

呼（韵头或主元音是 i[i] 的韵母）、撮口呼（韵头或主元音是 ü[y] 的韵母）相拼的舌根音 g[k]、k[kʰ]、h[x] 向舌面音 j[tɕ]、q[tɕʰ]、x[ɕ] 转变。这样 king 就变成了 jing。

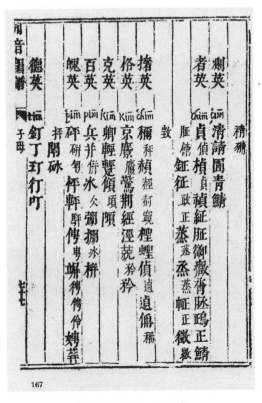

《西儒耳目资》"京"字条

　　虽然北派官话此时入声消失并存在腭化现象，但当时我国还存在着一个较为保守的南派官话。在读书音方面，它的影响力甚至超过了北派官话。于是，西洋人受南派官话影响,将北京拼作"Peking"。

　　p、k 的读法为什么和汉语拼音不一样呢? 因为汉语拼音其实是用浊音字母 b、d、g 表示不送气清音声母[p]、[t]、[k];用不送气清音字母 p、t、k 表示送气清音声母[pʰ]、[tʰ]、[kʰ]。而西方语言辅音是分清浊的,所以仍旧是用 p 表示[p],k 表示[k]。

　　至于我们现在常听见的[piː ˈkʰiŋ]发音,则是受到英语拼读习惯的影响,以至于"北"字对应的 pe 和原本的入声发音有了很大不同。

Peking 是邮政式拼音

　　那么,为何采用"Peking"的拼法,而不是其他方案呢? 这是因为现代汉语拼音成为标准以前,我国在涉及地名、邮政等出版物(邮票、地图、书籍)时通用邮政式拼音。"Peking"就是邮政式拼音。

　　我们现在所熟悉的汉语拼音,是 1958 年 2 月 11 日第一届全国人民代表大会第五次会议批准颁布的。一

直到 1977 年,联合国地名标准化会议才决定采用《汉语
拼音方案》来拼写汉语地名,而《汉语拼音方案》成为国
际标准则要到 1982 年。在此之前,国际上汉语的拼音
转写标准是威妥玛-翟理斯式(简称"威妥玛式")和它的
变体邮政式。

威妥玛是英国汉学家,曾在上海海关工作。1867 年,
他出版了汉语教科书《语言自迩集》,成功发展了用拉丁
字母写汉字地名的方法,一般称作"威妥玛拼音"或"威
(韦)妥玛式",成为中国地名、人名及事物名称外译的译
音标准。1892 年,另一个英国汉学家、时任英国驻宁波领
事的翟理斯出版了第一版《华英字典》,在威妥玛方案的
基础上继续改良。初版《华英字典》的诞生被认为是威妥
玛拼音方案修订和确立的标志,威妥玛拼音因而又被称
作"威妥玛-翟理斯式拼音"。

1906 年春季,大清帝国邮电联席会议在上海召开。
会议决定对中国地名的拉丁字母拼写法进行统一和规
范,并决定基本上以翟理斯所编初版《华英字典》中的拉
丁字母拼写法为依据。只是为了适合打电报的需要,会

议决定不采用任何附加符号（例如送气符号等），新方案被称作"邮政式拼音"，是威氏拼音的变体。当时的邮政系统隶属于海关，海关总税务司英国人赫德是个狂热的地域化、方言化分子，邮政式拼音因此保留了不少保守化和方言化的拼音。如北京：Peking（邮政式拼音），Pei-ching（威妥玛式拼音）；厦门：Amoy（邮政式拼音），Hsia-mên（威妥玛式拼音）。虽然当时的海关系统、邮政系统掌握在英法人手中，但毕竟是我国官方机构，这样邮政式拼音等于取得了半官方的地位，成为我国晚清、民初的汉字拉丁化转写标准。

拼写不同的"北京"和"北平"邮戳

1928年9月，国民政府曾出台我国第一个官方拉丁化拼音方案——国语罗马字。但当时国民政府政治、经济、文化等各方面都软弱无力，社会风气仍处于一种"税关、邮局、公牍、报章、人名地名，必经西译"的局面。而中国海关总税务司署这个要害部门还掌控在赫德的外甥梅乐和（Frederick William Maze）手中，国语罗马字如何能够从威妥玛拼音中抢得地位呢，毫无可能成为国际交流的工具。1937年，抗战全面爆发，在内忧外患的社会背景下，国语罗马字更是几乎销声匿迹。在这种情况下，整个民国期间，连国内出版的地图也一直使用邮政式拼音。

现在邮政式拼音已经不再使用，但很多中国文化名词已经成为外语的固有名词，仍旧用邮政式拼音，如北京大学、清华大学（Tsinghua University）。而对于古旧地图爱好者，了解北京曾经叫"Peking"，也是寻找北京古旧地图的必要知识点。

茅台的拼音为何是 Moutai?

最近，一直处于互联网热搜的国货无疑是茅台酒。茅台酒的热搜，也让它的拼音（或者说它的英文名）成为焦点。为何"茅台"拼作 Moutai，而不是 Maotai 呢？很多读者可能已经想到，Moutai 用的是之前通行于全世界的邮政式拼音。邮政式拼音为何如此拼写？这一切要从 1906 年的大清帝国邮电联席会议说起。

在现代汉语拼音推广之前，汉字拉丁化转写标准是威妥玛-翟理斯式拼音。1906 年春季，大清帝国邮电联席会议在上海举行，会议决定对中国地名的拉丁字母拼写法进行统一和规范，并决定以前英国驻宁波领事翟理斯所编初版《华英字典》（1892 年）中的拉丁字母拼写法为依据。威妥玛式拼音因此又被称作"威妥玛-翟理斯式拼音"。只是为了适合打电报的需要，会议决定不采

用任何附加符号（例如送气符号等），它被称作"邮政式
拼音"。

由于大清邮政局受海关领导，而海关总税务司赫德
是个狂热的地域化和保守化分子。这导致邮政式拼音与
威妥玛拼音产生了几个差别。总的来说，邮政式拼音有
以下情形：一是方言化，采用该地的方言来拼写该地地
名，如厦门 Amoy；二是保守化，采用历史上的存古读音来
拼写该地地名，如北京 Peking、青岛 Tsingtao 等区分尖
团读音的拼法；三是习惯化，采用该地历史上的惯用外文
名拼写该地地名，如广州 Canton。

茅台酒因产地位于贵州省仁怀市茅台镇而得名。翻
开《仁怀县志》，"茅"在当地方言读［au］，与普通话相同。
这可以排除了 Moutai 是方言化读音的可能性。

"茅"是效摄字，在使用邮政式拼音的《贵州邮政舆
图》里，同属效摄的"尧""桃"韵母都拼作 ao。当地虽然没
有更早的方言语音记录，但我们可以拿《华英字典》里记
载的邻近方言语音作为参考。《华英字典》记载了 12 种
方言，其中的四川（Sz）方言记载的韵母也是 au。这可以

排除了 Moutai 是保守化读音的可能性。

Moutai 最大的可能还是习惯化拼音。上文 Canton 对应的汉字其实是"广东",它就是历史上英国人用广东错误指代广州造成的惯用地名。Moutai 这一拼音的来历也是类似现象。茅台镇位于直接连通长江的赤水河畔。茅台酒经长江沿线的重庆、汉口(武汉)、南京、镇江、扬州、上海等商埠,销往全国、海外。Moutai 一名很可能是由上述某一商埠方言的转述传到外国人的耳中。

其实,"茅"在中古时期就有两个反切,有的方言读如流摄,有的方言读如效摄。宋代《韵补》就记载了"茅"字有"迷侯切"一读,折合成现代普通话便是 móu。后世有不少方言继承了这个读法。无巧不成书,给予我们答案的可能也是《华英字典》。据《华英字典》,重庆、汉口等官话方言区均记载"茅"读 mau。但是,在接近长江口、连接南北大运河的扬州,"茅(矛)"有 mou 一读。外人很有可能是通过长江口附近的扬州、镇江(两者同属一方言小片)得知 Moutai 这一事物的。久而久之,形成了 Moutai 的习惯拼法。

琳詩仲尼曰聖德行聘徧周流
遯斥厄陳蔡歸之命也夫信也陳琳
律歷业圯墜兮關大聖之顯符　大蓝賦考
典墳业圯墜兮關大聖之顯符
兄詩笞我先公爰造斯　包　人盟于包來在氏莒
獻今我六嶽匪崇克扶斯　包　地名昏穪公及
作○茅迷侯切草也
浮而不為茅荃變易兮又尋聲屈原騷經
變化而不為茅荃　荀彧顥瓜賦豐細采雜糅二
蕙化而不為所務　荀彧顥瓜賦凝慕蘭兮
蹴未知務兮　陳琳正欲揚暉今夕昭之回兮夕天兮糅圓
投一作務　媒謀也劉楨瓜賦惟暉今夕昭之回兮夕天兮
糅兮　媒我獨無此邑媒雲苗也韓愈楚國夫人襄道順德巖
聲混而○苗　墓銘高陵相漢義呂家酬遷干人
水流而○苗　眉銘高陵田苗也韓愈鄭夫人襄道順德巖
炎流自　南陽始自謬誤也且裕空崮而賫今何謬永貞
郎苗□　南陽始自謬顯誤也

矛 [2]

7688

R. 兂
C. ⎫
H. ⎬ máu
F. ⎭
W. moa
N. möü
P. ⎫
M. ⎬ mau
Y. moa, mou
Sz. mau
K. mu, v. mo
J. bŏ, mu
A. mêu

Even Lower.

A lance; a spear. Radical No. 110. Also read *mou*[2].

矛鎗 spears and javelins.

夷矛 a lance ending in a crook, placed anciently on war-chariots.

自相矛盾 the spear and the shield both in the hands of the same person,—applied to arguments of offence which furnish the defence, that is, their own contradiction.

矛勇 irregulars armed with spears.

天矛 the star β in Boötes.

茅 [2]

7689

R. 肴
See 矛
K. mo
J. bŏ, mŏ
A. mau

Even Lower.

Reeds; rushes; a striped white grass used to bind things.

香茅 *Andropogon citratus*, D.C.

絲茅 or 茅草 or 白茅 *Imperata arundinacea*, Cyr. The first is used generally for reeds or rushes.

白茅根 roots of the above used as a febrifuge.

《华英字典》"茅(矛)"条

历史上，经第三方方言（语言）传入西方，导致地名被误写的现象并不罕见。明末利玛窦在《中国札记》中，提到葡萄牙人把中国南方的一个大都市叫作"蓝鲸"。这正是明朝的南京应天府（Nankin）。葡萄牙人是从福建人那里得知这个地方的，所以把该城叫作"Lankin"，因为该省的人总把 n 读成 l。

更早也更知名的一个例子是宁波的葡萄牙语地名。嘉靖十九年（1540 年）左右，在中国私商的协助下，宁波辖下的葡萄牙人居留地双屿港逐渐形成。葡萄牙人把这一地方叫作 Liampo。Liampo 是闽南语"宁波"的音读，葡萄牙人正是通过闽南私商进入浙江海域的。

为何上海很晚才出现在西方地图上？

今人可能有点不理解，上海作为当代中国第一大城市，出现在西洋地图上的时间却比宁波、泉州、广州等沿海城市晚得多。换言之，这个问题便是上海建城史为何要比其他沿海城市晚得多。这就涉及一个关键因素，那就是沿海城市的发展，要考虑到当时的航海技术能否支撑其成为核心港口城市。

唐宋：帆船时代的风险

隋唐以来，随着帝国版图的扩大，海外交流也进一步发展。隋唐之前，中外交流一般是通过西面的丝绸之路。日本在白江口之战（663 年）败于唐朝后，开始心悦诚服，频繁派遣遣唐使来华学习中国文化和中国制度。中国开始了与东亚国家的海上丝绸之路。

　　过去日本与朝鲜半岛友好之时,日本遣唐使会在朝鲜半岛登陆,然后经陆路进入唐朝。或者走北路航线,自难波(今大阪)出发,经九州博多(今福冈),向西通过朝鲜海峡,循半岛西岸北上,而后向西渡过黄海,在唐朝登州(今山东蓬莱)上岸。这条路线虽然海程远,但由于大部分时间是沿岸航行,相对安全,还能获得补给。

　　白江口之战后,新罗统一了朝鲜半岛大部分地区。由于与新罗交恶,日本只得改由南面海路直接前往中国。至盛唐时期,日本人终于摸索到了从长江口和甬江口直达九州的航路。粗看地图,日本人可以直接进入长江口,沿扬州或者苏州进入大运河,这个路程相对较短。但是,由于当时的航海技术落后,帆船出入长江口具有极大的风险。天宝十二载(753 年)十月,鉴真从苏州黄泗浦出发,跟随日本大使藤原清河东渡日本,这次已经是他第六次尝试东渡日本。同行的还有大名鼎鼎的遣唐使留学生阿倍仲麻吕(汉名晁衡,又作朝衡),他在临行之际望月感慨,作《在唐望月而咏》赠友。这次遣唐使船同航的有四艘,其中鉴真的第二船到达日本。而阿倍仲麻吕和藤原清河所在的第一船遇到风暴,随风漂流到了岭南道驩州(今属越南),又被当地的盗贼袭击,死了一百七十多人,但阿倍仲麻吕与藤原清河居然奇迹般地生还。755年,当他们历尽千辛万苦回到长安城之时,同行者只剩十多人了。

除此之外,唐朝时期的长江口还和今天的杭州湾一样,是个巨大的喇叭口,潮水极大。早在秦汉时期,长江上的广陵涛便已是一大奇观。五代之前,广陵潮的名声要比钱江潮大得多。大诗人李白在《送当涂赵少府赴长芦》诗里也写道:"我来扬都市,送客回轻舸。因夸楚太子,便睹广陵潮。"杭州也是同理,只能做个内陆城市,而无法成为沿海港口城市。

因此,遣唐使逐渐选择另一条更为安全的航线,从甬江口进入大运河。甬江口水文条件远比长江口、杭州湾安全得多,且外围有舟山群岛作为屏障。于是,唐代江南海运造就了一个大城市——明州(今浙江宁波)。唐开元二十六年(738年),江南东道采访使齐澣认为,越州鄮县是海产品和丝织品集散地，且是重要港口，地位显要。于是他上奏朝廷，建议将鄞县划分为鄞、慈溪、翁山（今舟山）、奉化4县，以境内四明山为名，增设明州（今宁波）以统辖之。海运也造就了甬江口的望海镇（今宁波镇海）。唐元和四年（809年），鄞县甬江北岸地块设为明州直辖的望海镇。元和十四年（819年）八月，浙东观察使薛戎以望海镇"俯临大海，与新罗、日本诸番接界，请据敕文不隶属明州"奏请朝廷，望海镇再次升格，从明州划出，直隶于浙

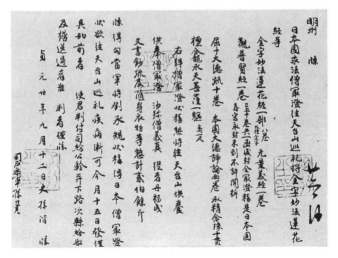

明州官府于贞元二十年（804年）发给日僧最澄的牒文

江东道。

作为唐船的基地，明州也造就了大批东亚航海家，开创了不少奇迹。大中元年（847年），日僧惠运、仁好、惠萼等乘坐明州人张支信的唐船，从望海镇到达日本只花了三天三夜，创造了当时木帆船航海的最快速度纪录："岁次丁卯，夏六月廿一日，乘唐人张支信、元静等之船，从明州望海镇头而上帆，得西南风，三个日夜归着远值嘉岛那留浦。"（日本《安祥寺伽蓝缘起资财帐》）从此，距离日本最近也是最安全的明州，成了遣唐使登陆及离港的主要口岸，并载入史册。《新唐书·东夷传·日本》曰："新罗梗海道，更繇明、越州朝贡。"

9世纪以后，明州成为东亚文化交流的国际大都会，镇海还成为宋朝唯一与东亚诸国交往的口岸，"自元丰（春伟注：1078—1085年）以后，每朝廷遣使，皆由明州定（镇）海放洋，绝海而北"（《宣和奉使高丽图经》）。即使到了南宋和元代，明州已改名庆元府，日本史料中仍称宁波为明州，甚至称江南一带的中国人为"明州人"。阿倍仲麻吕的望乡地点，也就自然而然地从苏州黄泗浦演变成了明州海边,《在唐望月而咏》变成了《明州望月》。

明朝: 大航海时代的寂寞

南宋咸淳三年(1267 年),朝廷在嘉兴府华亭县的上海浦(松江的一条支流)西岸设置市镇,定名为上海镇。元至元年间,元世祖忽必烈迁都大都(今北京),选择以海漕的方式运输粮食,这一决定初步改变了上海的命运。因漕运所需,至元二十九年(1292 年),元朝将上海升格为县,在此开港并设市舶司。但此时,刘家港作为海漕在南方的起点,名声要远大于内河港上海。

明朝初年,明太祖实行海禁政策,海漕废弃,刘家港与上海等地再次失去机遇。而同一时期,其他南方城市凭借宋元攒足的名声,已经出现在欧洲人的地图上。1375 年绘制的《加泰罗尼亚地图》是中世纪最好、最丰富完备的一幅世界地图,东亚沿海出现了 Cansay(行在,即南宋故都杭州)、Mingio(明州)、Zayton(刺桐城,即泉州别名)3 个中国城市名。

　　明朝嘉靖年间，中国首次迎来巨大的海防压力，倭寇和葡萄牙人同时骚扰东南沿海。此时欧洲进入了大航海时代，受经济利益与政治利益的双重驱使，欧洲人进行了一系列远洋探索，极大地扩展了当时已知世界的范围。嘉靖十九年（1540 年）左右，在中国私商的帮助下，宁波辖下的双屿葡萄牙居留地逐渐形成。葡萄牙海盗占据双屿之后，首先把舟山群岛以及对岸的宁波沿海伸入海中的地带称为 Liampo。由于他们不知道 Liampo 辖区有多大，把江南大部分地区都当作宁波，甚至连南京应天府和省城杭州都当作宁波的一部分。宁波又成了欧洲人眼中江南最有影响力的城市。

　　明朝时，上海县被看作相对内陆的地区，其重要性甚至还不如周边的金山、宝山等地。金山卫、宝山所等地早在明初就建起了城池，而上海县从华亭县析置后的 260多年时间里一直没有建城墙。嘉靖三十二年（1553 年）四月至六月间，上海县连续五次遭到倭寇的侵袭，县丞、镇抚均殉职，许多居民也惨遭杀戮，邑里几成废墟。为了防备倭寇，是年九月开始，当地官府用两个月时间建成了周长九里、高达二十四尺(明营造尺：1 尺 = 32 厘米)的城墙。

嘉靖大倭患期间，原有的都司卫所已经不能承担起抵御倭寇的重任，更高的武官机构在浙江、南直隶(地域包括今上海、江苏、安徽)地区设立。由于明朝"御敌于国门"的策略，这些重要机构设置在沿海和河口：如嘉靖三十二年(1553 年)五月，金山卫设立南直隶副总兵，至三十五年三月辖区扩大，改为浙直副总兵。三十七年，长江口北岸的(南)通州又增设狼山副总兵。上海县连卫所都没，何况副总兵、总兵，显然被当作"内陆"对待。

而在此时，宁波仍旧被视作明朝沿海最重要的大都会。嘉靖三十五年(1556 年)，浙直总兵改驻有"诸藩贡道"之称的定(镇)海县城，除了能够直接处理浙江、南直隶军政事务外，还有统帅所有沿海省份兵马之权，"调度各省沿海军马逐捕"(嘉靖《观海卫志》)。

晚清：轮船时代的崛起

康熙二十三年(1684 年)，清政府消灭明郑势力后，开放海禁,在江南云台山(今江苏连云港)设立江海关。次年,改驻松江府华亭县境内的漴阙(今上海市奉贤区漴缺)。因原办公地点狭窄,江海关于康熙二十六年(1687年)移驻到上海县城宝带门内(今黄浦区小东门内)。托明太祖江浙分省的福,上海从此与江南最大的港口城市宁波(浙海关驻地)在涉外机构上有了平起平坐的地位。

江海关还改变了上海在政区层面的地位。《清世宗实录》"雍正八年八月六日"条提到:"其苏松道有巡缉之责,不宜驻扎苏城。应改驻松江上海县,统摄通洋口岸。"分巡苏松道(1741年增辖太仓直隶州,后被称为"苏松太道")因江海关而改驻上海县,使上海县的政区地位跃居松江府之上。

1807年,罗伯特·富尔顿(Robert Fulton)在纽约使用英国的机器制成以蒸汽机作为动力的明轮船"北河号"(North River)。至此,人类进入了轮船时代。轮船时代意味着西方殖民者不需要以人力和自然力(风力、洋流)作为动力,可以为所欲为地侵略落后国家,开辟殖民地。

鸦片战争后,按照中英《南京条约》有关条款,五个沿海城市——广州、厦门、福州、宁波和上海成为通商口岸。轮船意味着长江口不是劣势，反而成为进入中国内陆腹地的优势；而大运河的通航能力成为制约轮船的瓶颈，意味着宁波对上海没有腹地优势。

之后的历史也加速了上海与宁波地位的逆转。道光二十五年（1845年）十一月初一，苏松太道宫慕久与英国驻沪领事巴富尔（George Balfour）会商后，签订《上海土地章程》，正式在上海城外设立了租界。1853年9月，小刀会占领上海县城，大量华人涌入租界，造成了事实上的华洋杂处。次年7月，英、法、美三国租界联合组建独立的管理机构"上海工部局"，趁机夺取了租界的管辖权。1861年12月，太平军占领宁波，宁波成为唯一一个被太平军占领的五口通商城市。和其他江南州府一样，大量宁波人逃入上海租界躲避战乱，带去了资金和人力的同时，也加速了宁波本地的衰退。

就这样，宁波和上海之间完成了一次接力。宁波是帆船时代的上海，而上海则是轮船时代的宁波。凭借独特的政治制度和地理位置，上海逐渐发展为远东最繁荣的经济和商贸中心，被称为"十里洋场"和"冒险家的乐园"。Shanghai 也逐渐出现在西方地图上。不过，由于上海崛起的历史实在太短，它不像宁波等地区那样拥有众多的外文地名。

近代京音与国语统一

国语统一之前，我国长期处于"文言分离"的状态，即书面语与口语相脱离。文言文承担着全国乃至汉字文化圈的通用文字角色，而口语音则五花八门。清朝末年，有识之士认为文言文造成的低识字率、语言不统一是国家富强的障碍。不少读书人看到日本在明治维新后以东京音为标准音，统一了语言。他们认为中国若要国富民强，也需改变教育，确立标准音。经过清末民初 30 多年的争论，北京音最终成为汉民族的共同语。

京音端绪

关于北京话成为汉民族通用语的原因，不少人甚至语言学家都会想当然地持有这样一种观点：由于北京是元、明、清三代的政治中心,北京话也就成为各级官府的交际语言,并随着政治影响逐渐传播到全国各地,成为全民族的共同语"汉语官话"。实际上,京音在成为通用语之前,它的历史地位并不高。

宋金元时期,汉语正统韵书是《广韵》或其简化版《平水韵》。元代的官方语言是蒙古语,并非汉语。作曲是以《广韵》为标准,还是以实际语音为标准,时人极少有不同意见。周德清的《中原音韵》被认为突破了传统,就在于该书反映的是元代北方的实际口语音。洪武八年(1375年),明政府颁布了《洪武正韵》。它不但保留了全浊声母,韵母也保留着阳配入的传统,即阳声韵(指韵尾是鼻音m、n、ng 的韵母)与主要元音相同、韵尾发音部位相同的入声韵(这里指韵尾是不送气塞音 p、t、k 的韵母)相配对。

在明代,社会中形成了一种兼容南北的官话音。从利玛窦、金尼阁等早期来华的西方汉学家文献来看,明代官话与当时无浊声母、无入声、见系腭化的北京话相去甚远。《西儒耳目资》里的"北"被记作 pě,是因为当时官话读书音"北"的入声念法[peʔ],略似现行汉语拼音 be 并念短促

（收喉塞音）。"京"的声母仍然是舌根音 k（即现代汉语拼音的 g）。但也是从明末开始，北方话中与齐齿呼（韵头或主元音是 i[i]的韵母）、撮口呼（韵头或主元音是 ü[y]的韵母）相拼的舌根音 g[k]、k[kʰ]、h[x]向舌面音 j[tɕ]、q[tɕʰ]、x[ɕ]转变。这样，北京话的 king 已经变成了 jing。

即使到了清初，康熙年间所修《音韵阐微》的音系也严格谨守中古格局。此时北京话也远未定型。根据爱新觉罗·瀛生在《北京土话中的满语》中的观点，现代北京话由旗人话发展而来，大概在道光时期才定型。当时诞生的《儿女英雄传》被视为现代北京话成型著作。这样的京音，别说难以与传统的《广韵》《平水韵》相提并论，就是在明代官话面前也难以直起身子。

晚清的王照[顺天府宁河（今属天津）人]首倡以北京音为国音，并以京音为基准创制了官话字母。1901 年，他前往北京拜会李鸿章，希望推广官话字母。代替李鸿章接见王照的幕僚于式枚认为此种观点非正道。最终，王照碰了钉子。

最早设计拼音文字的国人卢戆章（福建同安人）也是

京音的支持者。卢氏传统音韵学水平不高，并未中举。由于他与洋人往来密切，于是用英文字母设计了自己的拼音方案。1905年，他将自己的《中国切音新字》上陈学部（相当于教育部）。该方案声母只有25个，音系以北京音为准。学部移交译学馆审核。

译学馆似乎知道卢戆章的底细，写信洋洋洒洒地批驳了他，顺便向他显摆了音韵学常识。回信称："此三十六母者，实论中国声母所不能增损者也……其以鼻音、舌齿音、唇音收声者，又各有舒促二类，以生平入之分……新字成立，乃依《玉篇》《广韵》等书所注之反切……不得迁就方音。"译学馆代表的是官方和学界的正统派认识，即中古36个声母一个都不能少。"鼻音、舌齿音、唇音收声者，又各有舒促二类"，分别是指汉语阳声韵尾（舒声）与入声韵尾（促声）相配合的三对组合，即中古ng-k、n-t、m-p阳配入的格局。最后，译学馆再次强调《广韵》这一祖宗之法不可变，不得迁就任何方音。

即使在清末西方汉学家推广京音的教学实践中，人为拔高京音的尝试也是失败的。1867年，英国驻华公使

集　通　自　言　語

YÜ-YEN TZŬ-ERH CHI,

A PROGRESSIVE COURSE

DESIGNED TO ASSIST THE STUDENT OF

COLLOQUIAL CHINESE,

AS SPOKEN IN THE CAPITAL AND THE METROPOLITAN DEPARTMENT;

In Eight Parts;

WITH KEY, SYLLABARY, AND WRITING EXERCISES;

BY

THOMAS FRANCIS WADE C.B.

SECRETARY TO H.B.M. LEGATION AT PEKING.

LONDON:

TRÜBNER & CO., 60, PATERNOSTER ROW.

MDCCCLXVII.

1867 年初版《语言自迩集》

馆参赞兼翻译威妥玛出版了完全以北京口音为标准的字典《语言自迩集》。当时的西洋汉语权威卫三畏与另一英国汉学家艾约瑟都认为威妥玛违背了传统,前者还表示了强烈抗议。1886年,已是剑桥大学汉学教授的威妥玛,与弟子禧在明一起修订了《语言自迩集》,并在上海出版。然而,违背传统的《语言自迩集》很快成了另一英国汉学家专著的背景板。

1892年1月,英国驻宁波领事翟理斯出版了《华英字典》。字典包含了9种方言音和3种域外汉字音。在19世纪,如宁波这样的开埠港口,地方上盛行的根本就不是北京话,而是本地方言。外国学生在英国驻华公使馆学了北京话之后,来到了条约港口,却发现自己所学的官话原来根本就用不上。至此,《语言自迩集》无人问津,而《华英字典》将风靡半个世纪。

国音大会

由上可见,在清代,民间虽有声音支持以京音统一国语，但在中外传统派眼中，以京音为国语的建议是违反祖宗之制的。换而言之，如果京音真的在元明清三代有较高地位的话，民初以何方言成为标准语就不会有巨大的争议了。近代国语统一的历史，其实就是北京话取代传统标准成为通用语的过程。

1911 年 8 月，清政府学部（相当于教育部）通过《统一国语办法案》，决定在北京成立国语调查总会，各省设分会，商议统一国家语言和制定汉字拼音。《统一国语办法案》共有五条内容，与国语统一最为相关的内容是第三条，"定音声话之标准。各方发音至歧，宜以京音为主。京语四声中之入声，未能明确，亟应订正，宜以不废入声为主"。这意味着官方首次突破传统限制，准备将京音作为通用语。不过，对通用语的要求，还是保留了入声。这其实差不多就是之后读音统一会上老国音的标准。

然而，清廷还没完成统一国家语言和制定汉字拼音的任务，辛亥革命就爆发了。于是，这一历史使命落到了北洋政府身上。1913 年 2 月，读音统一会在北京召开,会议的主要任务是"审定一切字的国音发音"和"采定字母"(确定拼音方案)。该会会员由教育部及各省行政长官选派,选派的会员必须具备以下四种资格之一:精通音韵、深通小学、通一种或两种以上外国文字、深谙多种方言。最终产生代表共80人,其中江苏17人、浙江9人、直隶8人、湖南4人、福建4人、广东4人、湖北3人、四川3人、广西3人、山东2人、山西2人、河南2人、陕西2人、甘肃2人、安徽2人、江西2人、奉天2人、吉林2人、黑龙江2人、云南1人、贵州1人、新疆1人、蒙古1人,籍贯不明1人。教育部聘吴稚晖(江苏无锡人)主持此事。从与会名单可以看到,吴语区会员是第一大势力。吴稚晖理所当然地成了会长;其他方言区势力分散,只得五票的王照因此也能当选副会长。王照对苏浙两省占据二十多人的情形非常不满,为后来闹翻埋下了种子。

"采定字母"的前提是确定音系标准。由于各地会员均要求照顾自己方言,特别是浊音和入声问题,会上引起激烈争吵,使会议足足开了三个多月。吴稚晖主张三十六声母"是我们中国人的老祖宗给我们留下的,我们应该遵守",按中古三十六声母的要求,理所当然要在国音中保留十三浊音,而吴语在现实口语中就保留了全浊音。王照对其他各省代表说:"字加入十三浊音,则是以苏浙音为国音,我全国人民世世子孙受其困难。今吴稚晖恃有基本队二十余人;我辈意见虽同,人数略相当。倘表决时有休于势者,事必败。"王照的话,成功使维护传统之争变成了地域之争。他拉拢北方十余省及川、滇、闽、粤各省代表三十人,打算另组"读音统一会"。之后,王照又以辞行威胁教育部代部长董鸿伟妥协。

最后,会议采用"一省一票"而不是"一人一票"的表决方法确定了"标准国音",并审定了 6 500 个汉字的读音。整体来说,最终结果还是以北京音为基础,兼顾南方方言,如区分尖团音和保留入声。这其实实现了《统一国语办法案》第三条的内容。

读音统一会的会议结果,使南北两方代表都不满意。其所定读音虽以北音为主,但仍保留入声,这显然非王照等人所愿;而吴稚晖等苏浙会员"加入十三浊音,维护三十六母传统"的主张,也没成功。

读音统一会确立的汉字读音被后人称为"老国音",是会议在"一省一票"制度下兼顾南北方言、汉语传统的人造语言。由于之后的"京国之争",老国音其实没有真正推行开来。

"京国之争"

1918年,北洋政府教育部才付诸行动,开始推广国音和注音符号。然而在1920年,老国音推广不到两年,全国就爆发了关于京音和国音的大争论,史称"京国之争"。南京高等师范学校的英文科主任张士一(江苏吴江人)出版了《国语统一问题》一书,率先挑起了国音和京音之争。张士一主张以京音为国音。

当时"京国"势不两立,还出现大打出手的情况,《国语运动史纲》记载了下面这些啼笑皆非的故事:在某县小学,主张京音的教员和主张国音的教员大打出手,把劝学所的大菜台推翻了;某县开一个什么国语会,也是京国两音的教员相打，县知事（县长）出来作揖劝解。

为了解决"京国"矛盾，1920 年 11 月，教育部派吴稚晖南下与张士一和谈。相比京音派一味要求京音，国音派比较宽容，提出了"国音京调"的原则。即阴平、阳平、上声、去声按北京音，入声可按南京音或是当地方言。教育部也没有一味迁就京音，总长范源廉发布训令，要求"查读音统一会审定字典，本以普通音为根据……即数百年来全国共同遵守之读书正音"。教育部的调和，基本使"京国之争"偃旗息鼓。如果接下去的历史里没有"国罗派"登场，老国音将会逐步推行开来。

新文化运动后，在"彻底改造旧文化"的旗帜下，深受西方影响的精英阶层发起了"国语罗马字运动"，这部分人士后来被称为"国罗派"。当时新文化运动的领袖蔡元培、钱玄同、刘半农等都是"国罗运动"的主要支持者或参与者。"国罗派"认为汉字是国家落后的根源，必须废除。他们试图用 26 个罗马字母来表示汉字的所有读音。废除汉字的第一步当然是简化其语音。

于是，"国罗派"粉墨登场，支持京音作为新国音。

1925年9月，"国罗派"在赵元任北京的家中发起"数人会"。"数人会"的解释来源于陆法言《切韵序》"我辈数人，定则定矣"。该会于10月正式成立，推刘半农（江苏江阴人）为主席，会员有钱玄同（浙江吴兴人）、黎锦熙（湖南湘潭人）、赵元任（江苏阳湖人）、林语堂（福建龙溪人）、汪怡（安徽巢湖人），在以京音为标准的前提下，一同研究制定国语罗马字拼音方案。

　　老国音和京音差别极小，至多只有百分之五的汉字读音不同；而且根据"国音京调"原则，除入声外，其余四声全按北京音。但"国罗派"还是嫌音过多，黎锦熙在《国语运动史纲》中透露了他们的原则："国音的音多，京音的音少。多则难记，少则易知。减少几个读音，裁撤几个字母。由难趋易，谁不欢迎？"他们最终目的是要消灭汉字，让汉字走拼音化道路，音素当然是越少越好。由于北京话的音素构成简单，都是南方人的"数人会"成员因此盯上了北京音。

　　1928年9月，"国罗派"通过南京政府大学院院长蔡元培的私人关系，依靠官方发布了国语罗马字，实现了从民间方案到官方方案的转变。虽然国语罗马字影响极小,但京音作为新国音的标准因此被确定了下来。1932年5月,教育部又公布了《国音常用字汇》,正式规定"以现代的北平(北京)音为标准音"。

拉丁化新文字，人人争做仓颉的激情年代

　　《汉语拼音方案》自推行以来，已经取得了丰硕的成果：在国内，它成为识读汉字、消灭文盲和学习普通话的重要工具；在国际上，它成为汉字拉丁化的转写标准。《汉语拼音方案》的诞生，和20世纪30年代以来拉丁化新文字在群众中推行密不可分，拉丁化新文字的一些特点被吸收到《汉语拼音方案》里。拉丁化新文字运动也是我国语言文字史上特别需要浓墨重彩的阶段，它是一个人人设计拼音争做仓颉，以期实现教育救国的激情年代。

起源：北方话拉丁化新文字的诞生

　　拉丁化新文字是从20世纪30年代初到1958年《汉

语拼音方案》公布前在群众中推行的汉语拼音文字方案。这一方案在中国文字改革运动中起过重要作用，是《汉语拼音方案》的前身。与先前其他拼音方案如威妥玛-翟理斯式拼音、国语罗马字不同，它不是指单独的拼音方案，而是数个方案的总称。另一重大区别是，前两者是西洋来华领事馆汉学家、国内语言学家等精英阶层设计的，而拉丁化新文字却是由左翼知识分子发明，并吸引社会大众参与的拼音方案。

1928年4月，中共早期领导人瞿秋白前往莫斯科参加中共六大。同鲁迅一样，瞿秋白认为国语罗马字是读书人在书房里制定的方案，脱离现实。在目睹苏联扫盲运动的成效后，他决心创造出一套更适合大众的拼音方案，以此提高国民素质。1929年10月，在苏联汉学家郭质生（С. В. Kолокопов）的帮助下，瞿秋白最终制定出《中国拉丁化的字母》。1930年春，《中国拉丁化的字母》在莫斯科《中国问题》杂志第2期上发表，署名瞿维托先，然后又由中国劳动者共产主义大学出版社出版了一个单行小册子，引起了很大反响。小册子由汉字、拉丁化新文字和俄文排印，内容有三个方面：一是谈汉字难学及中国文字拼音化的可能性；二是谈声调是否有必要标注出来；三是方案和拼写法。

1930年7月，瞿秋白因工作变动回国。在临行前，他将改进《中国拉丁化的字母》的事宜交给了吴玉章。吴玉章与林伯渠、萧三等人共同拟定了"中国的拉丁化新文字方案"，这一方案于1931年9月在海参崴召开的"中国文字拉丁化第一次代表大会"上正式通过，随后在苏联远东地区的华工中推广。由于当地华工基本是北方人，实际推广的拉丁化新文字只有北方话拉丁化新文字一种（简称"北拉"）。

"北拉"的语音标准接近1913年"读音统一会"确立的老国音。作为《汉语拼音方案》的前身，"北拉"与《汉语拼音方案》的相似度很高。两者的主要差别为：

（1）"北拉"区分尖团音，而且处理见系字的方式与邮政式拼音类似，即使腭化也按不腭化拼写，例如giu（九）、ziu（酒）。

（2）"北拉"不写出空韵（舌尖元音），i只标示元音

[i]，例如 z(字)。

(3)《汉语拼音方案》中的 ü[y]，在"北拉"中写作 y；
而《汉语拼音方案》中用作前缀的 y[j]在"北拉"中规定为
j，但只在词中间做分隔音节之用。

(4)《汉语拼音方案》中的 er，在"北拉"中写作 r。

(5)"北拉"不标示声调，将声调视为汉语应当去除的
元素。只保存极必要的和极易混同的极少数一些，通过
改变拼写区分，例如 jou(有)、ju(又)、maai(买)、mai
(卖)、Shansi(山西)、Shaansi(陕西)。

(6) 外来语在"北拉"中直接拼写，例如 Latinxua(拉
丁化)。

大会还制定了拉丁化新文字的十三条原则，总的来
说就是汉语拼音文字必须走向现代化、国际化、大众化、
方言化。大会从当时的国情出发，主张在字母设计上尽
量覆盖中国所有方言，各个方言地区的人们可以自拼自
写。国语罗马字有明确的语音标准，而大众化和方言化
是拉丁化新文字与国语罗马字最大的不同点，就如鲁迅
后来所言："现在的中国，本来还不是一种语言所能统一，

所以必须另照各地方的言语来拼，待将来再图沟通。"
（《且介亭杂文·关于新文字》）当然，受时代限制，大会和
"国罗派"一样，认为应当废除汉字。

方案确定后，在很短的时间内，拉丁化新文字取得了
巨大的进展。到1933年11月，苏联远东地区已经出版
新文字书籍47种，累计刊印10万多册。

星火：宁波话拉丁化新文字的实践

20世纪30年代初，境外已经如火如荼地开展新文字
教育；而在国内，由于国民党封锁消息，大众起初还不知
道新文字。世界语学家方善境（笔名焦风，浙江镇海人）
最先将拉丁化新文字介绍到国内。1933年，他在世界语
机关刊物《新阶段》上看到萧三的《中国语书法之拉丁化》
后，将它翻译成中文，才引起了国内文化界的注意。同年
10月，方善境发表《中国语书法拉丁化问题》，呼吁大力推
行新文字。

上海是拉丁化新文字运动的中心。1934年，上海文

化界开始了大众语论战,鲁迅等人对汪懋祖等旧文人"废止白话""恢复文言""提倡尊孔读经"等倒行逆施的主张予以抨击,也对拉丁化新文字的运动起了推进作用。文字改革家叶籁士(原名包叔元,江苏吴县人,1949 年后历任中国文字改革委员会秘书长、副主任、顾问),在《大众语、土语、拉丁化》中指出,"'土话文字'(用方言写成的拼音文字)是消灭文盲的利器"。它与大众语运动是相互促进、密切结合的,是大众语发展的重要阶段,因此积极倡导把各地方言区都拉丁化。10 月 13 日,鲁迅发表文章,指出新文字是扫盲的利器:"但我们中国,识字的却大概只占全人口的十分之二,能作文的当然还要少……待到拉丁化的提议出现,这才抓住了解决问题的紧要关键。"(《且介亭杂文·中国语文的新生》)

1934 年 8 月,叶籁士等人在上海成立中文拉丁化研究会,开始着手拉丁化新文字的传播工作。研究会第一件事就是出版了介绍新文字的小册子《中国话写法拉丁化——理论·原则·方案》。11 月,上海世界语协会会刊《言语科学》发表了方善境的《宁波话拉丁字母草案》,证明了新文字可以实现大众化和方言化。这一振奋人心的实践举措，大大拓展了拉丁化新文字的影响范围。

鲁迅支持新文字的最大理由是简单易学："只要认识28个字母，学一点拼法和写法，除懒虫和低能外就谁都能写得出，看得懂了。而且它还有一个好处，就是写得快。"（《且介亭杂文·门外文谈》）1935年3月，茅盾也发表《关于新文字》，表明了自己明确拥护新文字的立场。

1935年12月，拉丁化新文字迎来了运动史上最辉煌的节点。陶行知在上海发起成立了中国新文字研究会，作为全国新文字研究团体的总会，这对全国各地协会和工作者起到了巨大的协调作用。研究会通过了由蔡元培（他本来是国语罗马字最主要的支持者，后转而支持新文字）、孙科、鲁迅、陶行知、陈望道等688位国内各界知名人士联名签署的《我们对于推行新文字的意见》。意见中称："中国已经到了生死关头（春伟注：是年日本开始蚕食华北，成立伪政权"冀东防共自治政府"），我们必须教育大众……中国大众所需要的新文字是拼音的新文字。"意见书还提出了推行新文字的六项具体建议。

1935 年上海发行的《拉丁化课本》

燎原：大众语拉丁化新文字的传播

"读音统一会"会长吴稚晖曾回忆，1913 年开会时征集到的拼音方案多式多样，使他有了"人人想做仓颉"的感慨。而这一时期设计方案的热情与拉丁化新文字传播时期相比，显然是望尘莫及了。注音符号设计者需要有很高的传统小学（小学是研究中国古代汉语语言、文字的学科，包括释音的音韵学、释形的文字学、释义的训诂学等学科）造诣，读音统一会的 80 名代表也都是语言学精英；而拉丁化新文字方案的设计者，只要有识字水平即可。在鲁迅等国内知名人士的推动下，在方善境等核心学者的影响下，拉丁化新文字出现了 N 种方案，中国出现了人人争做仓颉的时代。这其实也是大众语运动在文字方面的延伸和实践。

继"北拉"之后，从 1934 年到 1937 年，中国拉丁化新文字运动的参与者们先后又设计出了宁波话、上海话（后改名为江南话）、苏州话、无锡话、温州话、福州话、厦门话、客家话、广州话、潮州话、桂林话、梧州话、湖北话、四川话等 14 种方言的拉丁化方案。不仅如此，不少大方言区甚至还出现了县级方言拉丁化方案，如方善境的家乡宁波诞生过镇海话拉丁化新文字（设计者李长来）、定海话新文字(设计者杨良济)。这一时期大众设计拼音的热闹程度,可能只有发明上千种汉字输入法、呈现万"码"奔腾场面的20世纪80年代可比。

拉丁化新文字运动发展极其迅猛的另一表现,是大量民间研究团体的出现。作为当事人的语言学家倪海曙(原名倪伟良,上海人,1949年后曾任中国文字改革委员会副主任)统计:"拉丁化中国字被提出以后,先后在上海、北平、天津、太原、开封、西安、重庆、昆明、汉口、长沙、南京、扬州、苏州、无锡、宁波、贵州独山、广东普宁、河南沁阳、卢氏和国外的曼谷、东京、巴黎、柏林等地成立'新文字研究会''新文字推行社''新文字促进会'等团体。从1934年8月到1937年8月,三年中各地所成立的拉丁化团体,有成立年月可查考的,至少有70个以上。"(倪海曙《中国拼音文字运动史简编》)

拉丁化新文字运动开展以来,国民政府一直处于反对状态,认为这会影响注音符号的地位。1936年1月1日起,国民党开始查禁新文字,下令禁止报纸刊登关于新文字的文章,"接着上海、北平等地也开始抓人,抓到都作为共产党办"（倪海曙《拉丁化新文字运动的始末和编年纪事》）。10 月，上海工人夜校新文字班学员因写北方话和上海话拉丁化新文字横幅送别鲁迅，也被抓去。

1938 年，国民党军队败退汉口。5 月，为了应对残酷的抗日战争，团结一切可以团结的力量，国民党中央宣传部不得不宣布解禁令："中国字拉丁化运动如不妨碍或分散国人抗战之力量，在纯学术之立场加以研究，或视为社会运动之一种工具，未尝不可。"新文字终于得到国民政府的承认。撤退到汉口的新文字运动核心人物方善境、叶籁士，也与曾经数度论战的对手——"国罗派"成员王玉川面谈后达成和解共识。9 月，作为国民党战时指挥中心的汉口也出现了《中山先生的三民主义》这类新文字书籍。

不同于国民党，共产党一直积极支持拉丁化新文字运动。陕甘宁边区、各根据地（解放区）成立了新文字研究会。1940 年 2 月，苏北抗日根据地成立拉丁化播种队；1940 年 11 月，延安筹建陕甘宁边区新文字协会；1942 年 6 月，苏皖边区成立淮南新文字促进会。当时解放区都发行了有新文字的邮票或教材，正是新文字应用的史证。

抗战全面爆发后，与几乎销声匿迹的国语罗马字相比，拉丁化新文字显示出了强大的生命力。1937 年 11 月至 1938 年 11 月，倪海曙等人在上海 40 所难民收容所、3 万难民中进行扫盲实验，取得了显著成绩。在解放区，人们借助"北拉"扫盲，也效果明显。

从 1949 年 10 月到《汉语拼音方案》公布的这段时间，我国人民对新文字的研究热情依旧。上海在 1949 年 9 月成立了上海新文字工作者协会，主席陈望道，副主席倪海曙。该会出版的《语文知识》每期印数达 15 万册。全国各大城市如杭州、宁波、青岛，甚至海外的日本、新加坡华人华侨也开展了新文字教育活动。

1949 年 8 月，吴玉章致信毛泽东，提出为了有效地扫除文盲，需要迅速进行文字改革。10 月，中国文字改革协会正式成立，其任务是研究汉语拼音方案的制定。1951年 12 月，政务院文化教育委员会下设中国文字改革研究委员会，马叙伦任主任委员，吴玉章任副主任委员，成员主要有原来参与设计注音符号的人、参加国语罗马字运动的人（前两者如黎锦熙）、参加拉丁化新文字运动的人（如叶籁士、倪海曙）。至 1955 年，全国各地和海外华侨共 633 人寄来了 655 个汉语拼音文字方案，委员会从中选择了 264 种编撰成《各地人士寄来汉语拼音文字方案汇编》，作为研制汉语拼音方案的参考资料。此番现象级情景，和新文字运动密不可分。

1954 年 10 月，第一届全国人大常委会第二次会议批准设立中国文字改革委员会。1955 年 10 月 14 日，中国文字改革委员会拼音方案委员会将《汉语拼音文字（拉丁字母式）方案草案初稿》提交给全国文字改革会议。该草案也颇似"北拉"，亦分尖团。1958 年，正式颁布的《汉语拼音方案》也吸收了注音符号、国语罗马字和拉丁化新文字的优点。

晚年叶籁士深情地回忆道："拉丁化新文字是解放前中国历史上推行最广、影响最为深远的一次文字改革运动……它跟当时的救亡运动紧密结合，深入到工人、农民、部队、难民以及海外华侨之中，并且得到许多进步的、爱国的人士，如蔡元培、张一麟、鲁迅……等人的极其热情的支持……它是一次极为有益的探索，它的经验，包括它的不足，都值得今天的我们记取。"（倪海曙《拉丁化新文字运动的始末和编年纪事》序言）这一论断无疑是对新文字运动最好的总结。

徐家汇 ZIKAWEI 的 ZI 是历史音，不是曲艺音

上海徐家汇书院的英文拼写"ZIKAWEI"在互联网上引发热议。"徐家汇"三字对音的读音中，尤以"徐"字的尖音读法 zi 最受网民关注。个别网友认为尖音 zi 是受曲艺影响而来，最好剔除。其实，zi 并非曲艺音，而是汉语历史中本就存在的读音。

尖音与团音

尖音、团音在清代以前的韵书里从未出现，清乾隆八年（1743 年）出版的音韵学著作《圆音正考》首次提出这一概念。序言详细解释了何为尖音，何为团音："试取三十六字母（春伟注：指中古汉语的三十六个声母）审之，隶

见、溪、群、晓、匣(春伟注：即[k]、[kʰ]、[g]、[h]、[ɦ])五
母者属团，隶精、清、从、心、邪(春伟注：即[ts]、[tsʰ]、
[dz]、[s]、[z])五母者属尖，判若泾渭……为字一千六百
有奇。每音各标国书(春伟注：指满文)一字于首，团音在
前，尖音居后。"著名满族语言学家罗常培认为，"尖音"
"团音"得名与满文字头的形状有密切的关系，"尖音"在
满文字头中形状为尖，而"团音"在满文字头中形状为圆。

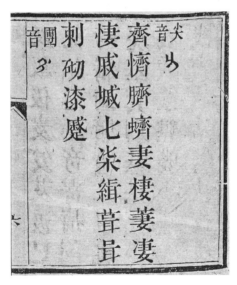

《圆音正考》尖音

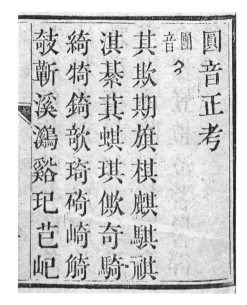

《圆音正考》团音

　　在明末以前，齿龈音声母[ts]、[tsʰ]、[s]（汉语拼音：z、c、s，下同）和舌根音声母[k]、[kʰ]、[h]等（g、k、h）都可与 i[i]、ü[y]起头的韵母相拼，读音相差巨大，不会混淆。如"西"读 si，类似英语 see 的读音；"希"读 hi，类似英语 he 的读音。然而在明清之际，北京话中与 i、ü 拼读的舌根音[k]、[kʰ]、[h]腭化成舌面音[tɕ]、[tɕʰ]、[ɕ]（j、q、x）。到了清代中期，北京话又出现了尖团合流的新现象。部分人将"西"也读成了 xi，与"希"合流。《圆音正考》正是为了纠正旗人口音不分尖团而作。

尖团合流在近代语言学界有过很多争论。注音符号派、北方话拉丁化新文字派主张区分尖团音，国语罗马字派是尖团合流的主要支持者。1913 年，北洋政府召开"读音统一会"。会议审定了标准国音，以北京语音为基础，同时吸收其他方言的语音特点，如区分尖团音和保留入声。这次会议审定的汉字读音被后人称为"老国音"。北京人王璞《国音京音对照表》是描述老国音和北京音差别的一本书，书中"徐"的国音读"ㄙㄩ（sü）"，京音读"ㄒㄩ（xü）"。

由于 1920 年爆发了国音与京音相争的"京国之争"，"老国音"其实并没有推广开来。1932 年，在国语罗马字派人士的建议下，国民政府决定以京音为标准。著名语言学家、国语罗马字派重要人物黎锦熙在《国语运动史纲》中解释了主张尖团合流的原因，"国音的音多，京音的音少。多则难记，少则易知。减少几个读音，裁撤几个字

《国音京音对照表》"徐"字条

母。由难趋易，谁不欢迎？"。因此，新国音（即京音）的标准书《国音常用字汇》中，"徐"字只有一个读音"ㄒㄩ（xǘ）"，国语罗马字写作 shyu。

女国音与曲艺音

个别网友注意到曲艺音还保留着尖音读法，这其实是一个审美的习惯，还要从北京音说起。20 世纪 20 年代，黎锦熙发现北京一些女子中学的学生把 ji、qi、xi 读成 zi、ci、si。他称这种女学生特有的读音为"女国音"。这种读音最先在辟才胡同的北京女子师范学校附属中学中出现，于是又有人称之为"劈柴派读音"（该胡同原名劈柴胡同，1905 年改称辟才胡同）。1940 年，赵元任、罗常培、李方桂在高本汉《中国音韵学研究》中译本出版之时，在译者注中也特意提到了女国音现象："又北平女学生中近年有全用齿音的风气，几成一种有性别的读音了。"

不过，这些女学生可能并不知道"国音"分尖团，也不了解尖团音的概念。她们读字虽然有尖音，但是把原本

该读团音的汉字也读成了尖音。女国音只是北京女学生
在特定年龄阶段内的一种社会语言，她们认为这么"咬"
音显得好听，是一种女性爱美心理对语言的影响。

　　与清代中期已经混淆尖团音的北京话不同，许多方
言直到清末还保留着尖团音的区别。1892 年，英国汉学
家翟理斯编著的《华英字典》收有 12 种方言。从字典
"徐"字条里可以看到，客家话（图中 H 方言）读尖音 ts'i，
宁波话（图中 N）、温州话（图中 W）两个吴语则与上海话
一致，读 zi。

《华英字典》"徐"字条

下面这张 1937 年徐家汇路路牌老照片显示，"徐家汇"当时被拼作"ZIKAWEI"。这说明至少在 20 世纪中期，上海话"徐"字仍然保留着尖音读法[zi]。

"徐家汇"旧路牌

随着京音被确定为汉语标准音，加之各方言地区交流频繁，当代的上海话、宁波话、温州话都不分尖团。不过，吴语区的越剧等曲艺节目仍然有吐尖音字的习惯，如把"下马"的"下"读成 sia，而非 xia。其实，"下"字在明末团化前读 hia。越剧尖音的本质与女国音相似，也是一种女性爱美心理对语言的影响。越剧自清末进入上海，后发展为各角色均由女演员扮演的女子越剧。加之戏剧说唱台词并无标准口音，一般是口口相传。这样，越剧版女国音一直流传至今，成为当代版的女国音。

标准与传统

《中华人民共和国国家通用语言文字法》规定："国家通用语言文字以《汉语拼音方案》作为拼写和注音工具。《汉语拼音方案》是中国人名、地名和中文文献罗马字母拼写法的统一规范，并用于汉字不便或不能使用的领域。"即便如此，由于受历史传统的影响，我国许多领域保留了非汉语拼音拼读的名词，其中不少名词还存在着尖音的读法。典型的有清华大学（Tsinghua University）、青岛啤酒（Tsingtao Brewery）。

Tsinghua 和 Tsingtao 都是邮政式拼音的产物。现代汉语拼音成为国际标准之前，世界上第一个中文拼音标准是威妥玛式拼音及其变体邮政式拼音。威妥玛式拼音由英国汉学家威妥玛设计，此系统由威妥玛在《语言自

迩集》(1867 年)中创建,在翟理斯的《华英字典》(1892
年)中得到完善。1906 年春季,上海举行的清帝国邮电联
席会议对中国地名的拉丁字母拼写法进行了统一和规
范,决定基本以翟理斯初版《华英字典》中的拉丁字母拼
写法为依据。为了适合打电报的需要,会议决定不采用
任何附加符号(例如送气符号等),这种拼音被称作"邮政
式拼音"。邮政式拼音保留了不少滞古的拼写。如北京:
Peking(邮政式拼音),Peiching(威妥玛拼音);天津:
Tientsin(邮政式拼音),T'ienchin(威妥玛拼音)。邮电联
席会议后,我国各地拼写基本按照威妥玛拼音转写,直到
1958 年汉语拼音诞生。

　　1978 年 9 月,国务院批转中国文字改革委员会、国家
测绘总局等单位《关于改用汉语拼音方案作为我国人名
地名罗马字母拼写法的统一规范的报告》,要求从 1979
年 1 月 1 日起,人名、地名的罗马字母拼写,一律采用汉
语拼音方案拼写。该文件附录了《关于改用汉语拼音方
案拼写中国人名地名作为罗马字母拼写法的实施说明》。
其中规定,"历史地名,原有惯用拼法的,可以不改,必要

时也可以改用新拼法，后面括注惯用拼法……已经使用
的商标、牌号，其拼写法可以不改"。文件没有完全限制
旧式拼音，Tsinghua、Tsingtao 这类尖音读法的地名拼音
仍旧可以在社会上使用。

　　徐家汇的 Zikawei 也是一个应用比较广泛的传统拼
音。除了"徐家汇"路牌外，现存的徐家汇藏书楼仍旧在
使用邮政式拼音。徐家汇藏书楼位于上海市徐汇区漕溪
北路，原为清末耶稣会所建，是上海的一座知名历史建
筑，现用作藏书楼。该建筑的名牌由上下两行组成，上方
为汉字"上海图书馆徐家汇藏书楼"，下方为拉丁文
"Bibliotheca Zi-ka-wei"。

　　既然 Zikawei 这一拼音已有现成使用的例子，徐家汇
书院用 Zikawei 这一历史拼音亦无不可，也无违反规定。
况且，徐家汇地铁站已经使用了现代汉语拼音 Xujiahui，
落实了"必要时也可以改用新拼法"的规定。地名历史读
音已经是城市历史记忆的一部分，应予以适当保留。

中华第一星为何从"瑞华星"变成"九华星"?

一百多年前,我国刚接触近代科技,依靠外国人在中国土地上发现了 139 号小行星,世称"中华第一星"。恭亲王奕䜣代表官方,将首颗与中国有关的小行星赐名为"瑞华星"。然而"瑞华星"之名在当代曾被译为"九华星"。这个误会是如何产生的呢?

瑞华星是美国籍加拿大天文学家詹姆斯·克雷格·华德孙(James Craig Watson)来华观星时意外的收获。1874 年 10 月 10 日,华德孙在北京发现了一颗从未见过的小行星。事后,华德孙恭请恭亲王奕䜣为首颗在华发现的行星赐名。奕䜣在 11 月 26 日将这颗星题名为"瑞华星"。

华德孙将"瑞华星"三字转写为 Jue-wha-sing,采用的是自创拼音。在他来华之前,威妥玛已于 1867 年设计出威妥玛拼音,并出版了使用该拼音方案的汉语教科书《语言自迩集》。华德孙和威妥玛同属母语为英语的族群,发音习惯相同。我们可以借助威妥玛拼音了解华德孙自创的拼音。

先说后两字的读音,wa 对应现代汉语拼音的 hua 音节。当时的西方人习惯用 wa、hwa 拼读 hua。"星"转写为 sing,采用的是尖音的读法。当时的北京口语音虽然不分尖团,但地位较高的读书音还是需要分尖团。威妥玛的《语言自迩集》,因将"星"转写为团音 hsing(相当于现代汉语的 xing),还被中西方的读书人认为破坏传统和主流,曾遭到西洋汉语权威卫三畏等人的强烈抗议。华德孙使用尖音拼法,显然受到了主流环境的影响。

"瑞"转写为 Jue,是一个较为复杂、曲折的转写。"瑞"国际音标为 [ʐuei],在现

恭親王題小行星名 〇西國有著名之天文十曰華成者旅居北京前測者倫星特用千里鏡細查察知天空內又有小行星因諭恭親王題小行星名則名爲瑞華星恢按行星者即旋繞太陽之星是也所以在天空中臨時行動昔人謂行星祇有八九個在後用千里鏡細測始查出許多大小各異其中藏在泰西蒙和兩處顏有愛望其查天空之行星耳若夂之華成者即光之大小爲次第光最大者居第一部人所他人不知其次又行星分爲十多部以至現所查出之瑞華星則列在第十一部內也華成在京時己先將金星過眼見者大約不過而已一二三四翻也餘而非用千里鏡不可至現所查出之瑞華星則凍奥大都與中國天家不同其中尚有散則明日再行譯述團十分

1874 年 12 月 21 日《申报》报道了"恭亲王题小行星名"

The name determined upon by Prince Kung is in Chinese characters the following:

The name thus stands as

JUEWA,

or more fully *Juc-wa-sing*, which means literally the *Star of China's Fortune*. The planet was observed sufficiently for the determination of the elements of its orbit, and it is now recognized by astronomers by its Chinese name.

华德孙的文章中提到"瑞华星"的中英文名称

代汉语拼写 rui。英语里没有字母能表达[ɻ]这个音节，华德孙只能采用谐音模仿的形式，用一个读音较为接近的字母来表示。j 在英语环境里的读音是[ʤ]，与[ɻ]也不近。不过，不少西方语言里的 j 读[ʒ]，与[ɻ]接近。以 Jean 这个人名为例，英语读[ʤi:n]，法语读[ʒɑ̃]。所以，j 这个声母的转写源于这样的一个过程：j→[ʤ]→[ʒ]→[ɻ]。

英语、法语、北京话（普通话）没有[ʤ][ʒ]与[ɻ]的对立，都可以

137	ju	如
138	juau	輭
139	jui	瑞
140	jun	潤
141	jung	絨

《语言自迩集》
"瑞"转写为 jui

用 j 表示。要是有[ʤ][ʒ]对立的语言呢？这也难不倒西方人，丁韪良在设计宁波话罗马字时，用 dj 作为[ʤ]的转写，j 作为[ʒ]的转写。

将"瑞"转写为 Jue，显然不是完美的。以英语为母语的人，看到 j 字母，第一印象就是读[ʤ]。英语维基就将 Jue 读成了[ʤuei]。说英语的人尚且如此，何况不用拉丁字母的中国人。

时光倏忽而逝，139 号小行星再次进入国人视野已是 1977 年。是年出版的《小行星漫谈》一书中再次出现 139 号小行星。书作者可能无法查阅到清代档案或者相关参考文献，只能自己翻译。然而，除了熟悉拼音史的人外，大部分人对现代汉语拼音以外的拼音并不习惯，更不熟悉其他拼音方案转写原理。作者只能在现代汉语拼音中寻找与 Jue 写法近似的音节。汉语拼音中最接近 Jue 的音节是 Jiu，这颗原本有中文名的小行星就变成了"九华星"。

"九华星"的错译就是因为声母 j 造成的误会。声母 j 在华德孙拼音和现代汉语拼音里的读音是不一样的。j

在华德孙拼音里读[ʈ]，在汉语拼音里读[tɕ]。

那么，同样是声母 j，为何华德孙拼音里要读[ʈ]，汉语拼音里则成了[tɕ]呢？这就要讲到拼音方案的差异了。由于北京话没有浊音，威妥玛式拼音等西方人设计的方案里就不存在 j 这类浊音声母。北京话的[tʂ][tɕ]与英语 ch 的[tʃ]读音接近，威妥玛式拼音就用英语中的 ch 音节来谐音模仿这两个音节。北京话的清音有不送气和送气之分，[tɕ]是不送气清音，[tɕʰ]是送气清音，而英语是不存在清音两分的。威妥玛就通过加送气符号来区分它们，[tɕ]和[tɕʰ]分别成了 ch(i)和 ch'(i)。

1928 年 9 月，我国第一个官方拉丁化拼音方案国语罗马字发布，方案借鉴了威妥玛式拼音。国语罗马字的典型特色是用浊音字母表示不送气清音声母，用不送气清音字母表示送气清音声母。此方案是给国人使用的，不需要考虑西方人的使用习惯。字母的发音是否与西方语言一致，就不再重要了。就这样，威妥玛式拼音中的 ch(i)变成了国语罗马字的 j(i)，ch'(i)则成了 ch(i)。

1958 年 2 月，《汉语拼音方案》诞生。方案中的一部分声母写法来源于国语罗马字。[tɕ]用 j 拼写的设计得到了保留，[tɕʰ]则改成了 q。看上去都是拉丁字母 j，但 j 在华德孙拼音和汉语拼音（国语罗马字）里完全是两种读音。就因为都写成 j，导致了误译。

洋韵述史

去普陀山的客运站，为何像极了布达拉宫？

近年来，《西游记》这个超级 IP 差不多已成为贺岁档电影的标配了。除了唐僧师徒外，作为他们背后的支持者和保护者——大慈大悲救苦救难的观音菩萨也是剧中不可缺席的人物。观音是汉传佛教中拥有最多信众的菩萨，每逢假日，观音道场普陀山景区都会迎来游客高峰期。由于去普陀山只能走海路，往返普陀山必须经过朱家尖客运站大楼。大楼由出身艺术世家的浙江大学朱仁民教授(潘天寿外孙)设计，它依山而建，各层错落有致，简单古朴却不失宏伟气势。大楼主体色调为石墙青瓦，配以黄褐色，简单元素的不同组合，勾勒出海洋文化与佛教文化相结合的独特韵味。不少游客看到客运站大楼的外形，会不由自主地惊叹：这简直是舟山的布达拉宫！这个比喻其实一点都没问题。那么朱教授为什么会将大楼如此设计呢？它和布达拉宫有何渊源？其实，舟山的普陀山和西藏的布达拉宫是同源词，都来自梵文 पोतलक（拉丁转写 Potalaka），即印度的补怛洛迦山。

印度的补怛洛迦山

梵文 पोतलक（Potalaka），音译为普陀洛迦、补陀洛迦、补怛洛迦、布呾洛迦等。"补怛洛迦"四字的中古音与原词相近，故有此译，"普陀洛迦"等词则是"补怛洛迦"的二次音译结果。补怛洛迦山是佛经中一座山的名字，观音的道场就设在这里。

早期佛教经典《华严经》记载："于此南方有山，名补怛洛迦。彼有菩萨，名观自在……尔时善财童子，渐次南行，至于彼山，处处求觅此大菩萨。见其西面岩谷之中，泉流萦映，树林蓊郁，香草柔软，右旋布地。观自在菩萨于金刚宝石上结跏趺坐，无量菩萨皆坐宝石，恭敬围绕，而为宣说大慈悲法，令其摄受一切众生。"补怛洛迦山环境优美，满山都是花果树林和柔软香草，清泉交相映澈，乃是一个仙境。

此外，Potalaka也有意译为白华（花）、光明。唐代僧人慧苑在《新译华严经音义》中提到："此翻为小花树山，谓此山中多有小白花树，其花甚香，香气远及也。"《大悲心陀罗尼经》称："一时佛在普陀洛迦山，观世音宫殿，宝庄严道场中，与无央数菩萨、无量大声闻、无量天龙八部神等皆来集会。时观世音菩萨密放神通光明，照耀十方刹土，皆作金色，日月之光，皆悉不现。"这说明Potalaka一词还和光明有关。

我国唐代著名高僧玄奘法师在《大唐西域记》卷十里也提到了补怛洛迦山："秣罗矩吒国南滨海有秣刺耶山……秣刺耶山东，有布呾洛迦山。山径危险，岩谷敧倾。山顶有池，其水澄镜，派出大河，周流绕山二十匝，入南海。池侧有石天宫，观自在菩萨往来游舍。其有愿见菩萨者，不顾身命，厉水登山，忘其艰险，能达之者，盖亦寡矣。而山下居人祈心请见，或作自在天形，或为涂灰外道。慰喻其人，果遂其愿。"依据玄奘的说法，布呾洛迦山在秣罗矩吒国南境，位于秣刺耶山的东边，邻近海滨。

《大唐西域记》又说:"从此(秣罗矩吒国)入海,东南可三千余里,至僧伽罗国。"秣罗矩吒国在今印度泰米尔纳德邦一带,僧伽罗国即今斯里兰卡,布呾洛迦山应在今印度半岛南部滨海地区。

"山顶有池……入南海",这便是南海观音的由来。这里的"南海"是指印度半岛以南的印度洋,当地古人职业与航海关系殊为密切,南海观音便成了古印度南部的航海保护神,受到当地人的敬重。《观音经》说:"若有百千万亿众生,为求金银、琉璃、砗磲、玛瑙、珊瑚、琥珀、真珠等宝,入于大海。假使黑风吹其船舫,飘堕罗刹鬼国,其中若有乃至一人称观世音菩萨名者,是诸人等皆得解脱罗刹之难。以是因缘,名观世音。"《大唐西域记》也有佐证:"观自在菩萨妙相庄严,威光赫奕,从像中出,慰谕其人。昔南海僧伽罗国王清旦以镜照面……因建精舍,兴诸供养。"

印度的南海观音怎么又成了中国普陀山的南海观音呢?大家都知道浙江濒临东海,其实浙江东海水域在秦汉时期就已习称"南海",《史记》说秦始皇巡海时曾"上会稽，祭大禹，望南海"。一直到清末，江苏以南的沿海诸地还是被称为"南洋"：负责江浙海防的海军叫南洋水师，上海也有创建于1896年的南洋中学。随着佛教东传，相同的海域名称为南海观音东渡奠定了基础。

浙江的普陀洛迦山

中国的观音道场普陀山位于浙江省舟山市，是中国佛教四大名山之一。普陀山全岛呈狭长形，其中最高的是岛北的白华顶，又名佛顶山。南海观音像坐落于岛内双峰山南端的观音跳山岗上。岛之东南约5.3公里处有另一小岛，名洛迦山，与普陀山合称普陀洛迦山。

观音落户普陀山当与航海有关。浙江为先秦古越国所在地，据《越绝书》载，越人有航海的民俗和特长，"水行而山处，以船为车，以楫为马，往若飘风，去则难从"。魏晋南北朝时期，佛教兴盛，航海技术也得到了进一步发展，各国间通过海路交往的次数也日益增多。位于中国大陆海岸线中段的普陀山，濒临东海，扼守杭州湾，西联吴会，东控日本，北接登莱，南亘闽粤，是北方和江南各港口通往东亚、东南亚、南亚的必经之地。作为航海的守护神，观音便因此落户普陀山。宁波南宋地方志《宝庆四明志》记载，舟山本岛在东晋时已建了观音寺。宋徐兢《奉使高丽图经》则言："其深麓中有萧梁所建宝陀院，殿有灵感观音。"

唐时，随着海上丝绸之路的兴起，明州（今宁波）迅速成为汉传佛教中心，促进了普陀山观音道场的形成。这里必须讲讲"不肯去观音"的故事。南宋志磐《佛祖统纪》、日本镰仓时代虎关师炼《元亨释书》以及方志《大德昌国州志》等均记载，唐咸通年间日僧慧锷从五台山请得观音像，经明州乘船回国，途经莲花洋时舟胶不动。这个虔诚的日僧以为观音菩萨显灵，不愿东渡日本，便在莲花洋上的普陀山修建了供奉此观音像的寺院，并取了一个有趣的名称——"不肯去观音院"。宋乾德五年（967年），太祖赵匡胤派人到普陀山贡香幡，开朝廷供奉先河。嘉定七年（1214年），宋宁宗赵扩钦定普陀山为观音菩萨道场。

不过，舟山群岛有上千座大小岛屿，为何此两岛独占普陀洛迦之名？观音菩萨为何不落户其他岛屿呢？元诗《游补陀》说："惊起东华尘土梦，沧州到处即为家。山人自种三珠树，天使长乘八月槎。梅福留丹赤似桔，安期送枣大于瓜。金仙对面无言说，春满幽岩小白花。"原来此山在古代盛产小白花，契合 Potalaka 的意译，符合佛经的风景，故而又名白华山。这样，多重巧合之下，中国的普陀山便诞生了，也慢慢替换了它的本名梅岑山。

普陀山在唐朝以前多称梅岑山，和《游补陀》诗中提

普陀山的"海天佛国"石刻

到的梅福有关，因他在山上隐居炼丹而得名。相传梅福是西汉末年的道家隐士，因避王莽迫害而逃至宁波一带。唐宋以来，随着观音道场影响的扩大，梅岑山演变成普陀山。《宝庆四明志》里就已经叫补陀洛迦山了。明万历三十三年（1605年），明廷将原来的"宝陀观音寺"敕赐为"护国永寿普陀禅寺"，岛名正式变成了普陀山，音译名也固定为"普陀"了。

说到普陀山，还不得不提及《游补陀》的作者盛熙明，他是第一部普陀山地方志《补陀洛迦山传》的作者，来自丘兹（即龟兹，今新疆库车），是元朝时期的书法家。盛熙明的故乡龟兹，早在西汉时就是佛教之乡，而盛熙明的家族"生居西域，世与佛邻"，所以他对佛教一直很有兴趣。元末，盛熙明受江浙行省官员刘仁本之邀南下。他在传中说："后至四明（春伟注：古代文人对宁波的雅称），屡有邀余同游补陀山者。心窃疑之，不果往也。一夕，忽梦有人谓曰：经不云乎，菩萨善应诸方所。盖众生信心之所向，即菩萨应身之所在。"盛熙明想，既然人们普遍认为普陀山是观音道场，一定有奇异之处，便决定渡海礼佛，于是就有了这部珍贵的志书。全书共七卷,首次全面记载了普陀山历史。但此书一直被僧人藏于寺内,几乎被历史湮没。200多年后,明朝浙江总兵侯继高到普陀山礼佛,见盛熙明旧作已是破烂不堪,遂重修山志,使得这一珍贵的著作传承了下来。

国内还有与普陀山相关的县级政区名。1953年,定海县析建普陀县,就以普陀山而得名。除舟山之外,上海也有普陀区,亦为同源。1920年,公共租界在今江宁路口附近筑路,筑成时以佛教名山普陀山命名。1947年,上海市第十三行政区因境内有普陀路而改称普陀区;1950年,建立普陀区人民政府。

至于布达拉宫(藏文ཕོ་བྲང,拉丁转写为Potala)因何得名,这就要说到历史教科书上鼎鼎有名的松赞干布了。641年,他与唐朝联姻,迎娶文成公主,相传在玛布日山上修建了宫殿。因松赞干布把观音菩萨作为自己的本尊佛,就用佛经中菩萨的道场来给宫殿命名,称作"布达拉宫"。布达拉便是梵语"补怛洛迦"二次音译的结果。值得一提的是,普陀山和布达拉宫,恰好均处于神奇的北纬

30度附近，也是冥冥中的一种巧合。由于两者的渊源，现在赴普陀山的西藏游客也日渐增多。

除印度、中国外，日本亦有补陀洛山寺。补陀洛山寺是在和歌山县东牟娄郡那智胜浦町的天台宗寺院，也是日本古代从宁波学习佛教文化、建筑文化的产物，寺院本尊是三貌十一面千手千眼观音。它是以南方净土为目的地的"补陀洛渡海"的出发点，作为"纪伊山地的灵场与参拜道"的一部分被列入《世界遗产名录》。

朱家尖的慈航广场

朱家尖客运站所在的广场也有一个有意思的名字，叫作慈航广场。这不单是因为观音是航海守护神，还另有一层深意，因为慈航是观音的道教化名字。

慈航道人，又称慈航真人、慈航仙姑真人或慈航大士。她是中国民间信仰的一种神灵，依照中国古籍来判断，是佛教菩萨观音道教化的产物。由于"慈航"二字，民间造像，慈航道人往往是乘龙、龟蛇、大鳌甚至是独木舟的形象。据明末清初《历代神仙通鉴》记载："普陀落伽岩潮音洞中有一女真，相传商朝时修道于此，已得神通至道，发愿欲普度世间男女。尝以丹药及甘露水济人，南海人称之曰慈航大士。"《历代神仙通鉴》又名《三教同原录》，是一本叙述中国神仙事迹的书籍，将神仙故事熔为一炉，讲佛道儒本为一家。

在稍早的明朝神话小说《封神演义》中，慈航道人也有登场，她是道教最高神三清之一元始天尊的第九位弟子，也是门下唯一的一位女弟子，阐教十二金仙之一，主人公姜子牙的师姐。本书第四十四回提到了入释成佛的观世音："话说子牙上了芦篷，铺毡佃地，悬花结彩，专候诸道友来至。大抵武王为应天顺人，仙圣自不绝而来，先来的是：九仙山桃园洞广成子……狭龙山飞云洞惧留孙——后入释成佛……五龙山云霄洞文殊广法天尊——后成文殊菩萨，九功山白鹤洞普贤真人——后成普贤菩萨，普陀山落伽洞慈航道人——后成观世音大士。"《封神演义》明言慈航道人就是观音菩萨，她的道场也就是佛经中的普陀山。

《封神演义》与《西游记》也可以相互印证慈航道人和观音菩萨实为同一人。《西游记》中观音有两个法宝清净琉璃瓶、紫金铃，而在《封神演义》中慈航道人也有这两个法宝；《西游记》中观音的坐骑是金毛犼，而慈航道人在万仙阵里收金光仙（真身为金毛犼）为坐骑。

在造船工艺和航海技术相对滞后的帆船时代，无论是赖海为生的船员、商人，还是舍身求法的僧侣，航行在东海（南海）上，涉鲸波之险，总是祈求神明守护。这点上，无论信佛还是信道都是如此，这便是南海观音（慈航道人）信仰的本源。梅岑山由道入佛，被佛家改名为普陀洛迦山；观音菩萨由佛入道，被道家改名为慈航真人。在普陀山，不但能接触到中印交流的语言学知识，亦可感受到佛道相融的中国传统文化。

顺便一提，除佛道风格的观音像外，近代还曾出现过西洋基督教壁画风格的普陀山观音像。鸦片战争时期，英军一度占领舟山。消息传到英国国内后，该国建筑师协会创建人、版画家托马斯·阿罗姆（Thomas Allom）凭自己想象绘制了描绘中国各地风景的版画集《中华帝国图记》(*The Chinese Empire Illustrated*),其中一幅便是《定海云谷寺佛像》。图中供奉的送子观音,经作者加工而略有点西洋圣母化。

托尔金中古世界：古典欧洲神话与语言学的奇妙结合

托尔金(John Ronald Reuel Tolkien)所著的《霍比特人》(*The Hobbit*)、《指环王》(*The Lord of the Rings*)系列作品无疑为童话作品和奇幻文学开创了一个新的时代。身为语文学家的托尔金，在这个系列故事里创作了各种语言，如西方人类通用语(Westron)、精灵语(Elvish)、树人语(Entish)等。不仅如此，他还成功地将古欧洲语言与古欧洲神话相结合。在《指环王》电影诞生20周年之际，4K修复版《指环王》上映。让我们在重温中土之旅的同时，再来感受下托尔金的丰富想象力和创造力吧。

《霍比特人》的主人公比尔博·巴金斯(Bilbo Baggins)，以及《指环王》的主人公佛罗多·巴金斯

(Frodo Baggins)叔侄都是霍比特人（Hobbit）。"Hobbit"
一词的完整形态是 Holbytla（霍尔比特拉）。这个词的设
计，与霍比特人的生活环境有关。Holbytla 对应的现代
英语单词是 hole builder，意为"造洞者"。霍比特人身高
约 2 至 4 英尺（0.6 米至 1.2 米），平均身高为 3.6 英尺（1
米）。矮小的他们居住的房子就是挖掘出来的洞穴。hol
是 hole 的古英语（Old English）形式，意为"凹陷处，洞
窟"；bytla 是 builder 的谐音，意为"建造者"。同理，霍比
特人的家乡，夏尔（Shire）地区的霍比屯（Hobbiton）也是
Holbytla 的派生词。-ton 在英语中，经常作为"市镇"
（town）之意的后缀。它与 town 都源于古英语 tun。

　　霍比特人的故乡 Shire 源于古英语 scir，意为"郡"或
者"警察辖区"。夏尔地区平时的首领是夏尔市长，他兼
任邮政总局局长和警察总长。全域分为 12 个警察辖区。

　　Dvergr（矮人）是古诺尔斯语（Old Norse）单词。古
诺尔斯语是流传于古代北欧的语言，现代冰岛语、法罗
语、挪威语、丹麦语以及瑞典语等语言都是它的后裔。
Dvergr 与古英语的同义词 dweorg 同源，都源自原始日耳

曼语* dwergaz（矮人）。在早期日耳曼民间传说中，矮人是一个居住在星球山丘上的族群。早在 9 世纪，他们就已经出现在北欧神话的口头传说《诗体埃达》（*The Poetic Edda*）之中。这个种族的男性一般手持斧头或锤子，与锻造、采矿和手工艺等行业有各种关联，是一个充满智慧的种族。在早期的挪威等北欧国家的文献中，没有提到他们的身材是矮小的。到了中世纪，在德意志地区流传的口头文学中，大多数矮人被描绘成家住洞穴、身材矮小而丑陋、留有长胡须的男性。受德国童话《白雪公主》的影响，矮人也成为世界闻名的神奇种族。魔戒远征队中的主要人物吉姆利即出身矮人，随身携带多把战斧。

魔戒远征队的莱戈拉斯王子是典型的精灵形象，外表英俊，身材修长，擅长射箭。在日耳曼神话中，精灵是一种耳朵细长的类人生物，居住在森林里。精灵通常被认为具有魔力和超自然的美，并且能够帮助或影响人类。也有的长着薄翼，类似动画片《花仙子》中的花精灵。不像人类和矮人，精灵是不朽的、长寿的。在这里，托尔金没有选择用偏女性化的 fairy 一词，而是用了 elf。elf 源于古英语 aelf。精灵在英国是一种受欢迎的生物，不少地名以它命名，如萨福克郡的精灵山（Elveden）。数字"十一"（eleven）也是 aelf 的变体。

魔戒远征队的巫师甘道夫（Gandalf），形象综合了北欧之神奥丁和英国传奇巫师梅林。在英国神话里，梅林拥有超自然的巫术、变形的幻术，还具有预知能力。他是卡美洛王国三代国王的顾问以及亚瑟王的缔造者。与梅林拥有的奇特身世类似，甘道夫由伊露维塔的心之所想而生，并且像梅林一样常倚着一根拐杖，作用也类似于亚瑟王的导师梅林。甘道夫的姓名来源于古诺尔斯语两个单词的组合 gandr + alfr。gandr 是拿着魔杖的人，alfr 即 elf，就是精灵。Gandalf 是他在北方人类中的称呼，意为"持杖的精灵"。

高达数米的树人（ent）是一种像树木般的生物，常被误认为树木。托尔金本人曾介绍，ent 源于古英语 eoten，意为"巨人"。

在中土世界里，表示巨魔（trolls）、食人妖（ogres）等巨型怪物的 etten 也源于 eoten。etten 经常以组合词形式出现，如埃滕荒原（Ettenmoors），顾名思义是被食人妖所占据的荒原。它是埃利阿多东部、迷雾山脉西侧的一片崎岖荒芜的高地，位于瑞文戴尔以北。埃藤山谷（Ettendales）位于埃滕荒原之中、幽谷以北，是一片食人妖居住的山谷。

帮助过甘道夫等人的贝奥恩族族长贝奥恩（Beorn）是一个换皮人，可以变成一只大黑熊。Beorn 是古英语单词，意为"男人""战士"或"男爵"。它源于古诺尔斯语Björn，其本义就是"熊"。人变成动物的能力，是托尔金从凯尔特人的德鲁伊（Druid）神话传说中引入的。德鲁伊拥有把人变成动物，获得与动物对话的魔力。

相应地，反派人物姓名直接揭示了他们的派系和下场。黑暗领主索伦（Sauron）的名字源于托尔金自创的昆雅语（Quenya）单词 saura，意为"恶臭、腐烂、残忍的"。他的根据地魔多（Mordor）是远征队所要到达的目的地。Mordor 是书中的辛达林语（Sindarin）单词，由 mor"暗黑色"和 dor"土地"组成，意为"黑暗领域"。它也是现代英语单词"谋杀"murder 的变体。

　　白袍巫师萨鲁曼（Saruman），意为"背叛的人"。Saru
源于古英语 searu，有背叛、欺骗的含义。

　　被魔戒力量扭曲了身体和思想的咕噜（Gollum）原名
斯米戈尔（Sméagol）；Sméagol 源自古英语 smeagan，即
"潜入洞穴"。斯米戈尔曾利用魔戒法力从事偷窃、窥探
等不良活动。他的恶行被发现后，被人们驱逐到迷雾山
的一个洞穴里。

　　托尔金还直接引用了古代英国故事长诗《贝奥武夫》
（*Beowulf*）的反派角色，他认为书中的恶魔形象已经非
常清晰。中土的兽人形象即是诗中的反派格伦戴尔
（Grendel），该隐的后代。守着宝藏的史矛戈也与《贝奥
武夫》中的第三个大反派恶龙的身份相似。

　　故事中出现的族名、地名等都蕴含着古欧洲的语言
学典故或神话典故。托尔金把它们都纳入自己的作品，
体现了他丰富的想象力和智慧的光辉。

比利时球员 Hazard 为何不能翻译成"哈扎德"?

　　比利时传奇球星 Eden Hazard（阿扎尔）以其犀利的突破以及精准的传射能力而闻名。许多中国球迷看到 Hazard 的名字会感到奇怪：为什么不翻译成"哈扎德"，而要译成"阿扎尔"呢？

非正统的拉丁语后代

　　阿扎尔刚刚声名鹊起的时候，他确曾被中国媒体误译成"哈扎德"，后纠正为"阿扎尔"。这就要说到 Hazard 的发音问题了。比利时有三种官方语言，它们分布于比利时不同地区，不同地区都有一种强势语言，即官方语言。北部弗拉芒地区的官方语言是荷兰语，南部瓦隆区大部分地区说法语,而瓦隆区东部靠近德国的地区则是德语势力范围。首都布鲁塞尔则是荷兰语以及法语的双语区。阿扎尔出生在瓦隆大区拉卢维耶尔(法语：La Louvière),距离法国只有十来公里,是个典型的法语城市。他的母语当然是法语,而名字自然按法语来发音。

Hazard 是传统法语姓氏,不能硬套英语或者汉语拼音来发音。按照法语的发音规则,Hazard 一词开头的辅音 h 和结尾的辅音 d 都不发音,整个词发音的只有 azar 这部分,读作[azaʁ]。这样,Hazard 音译过来,就成了"阿扎尔"。

至于为什么这些字母不发音,就要讲到法语语音史和法语正字法了。公元前 52 年,恺撒率领罗马军队征服高卢。受罗马人影响,原本说凯尔特语的高卢人开始使用罗马语言。拉丁语顺理成章地成为高卢地区的上层语言和通行语言。h 在罗马共和国末期的拉丁语口语中已经不发音了,甚至一度被踢出字母表,因此传入高卢地区的拉丁语也是不发 h 这个音的。到了 5 世纪后期,日耳曼人的法兰克部落占领高卢地区,建立起法兰克王国

(481—843年),逐渐和当地人融为一体,h也因此通过日耳曼语重新回到高卢地区。尽管法语是拉丁语的后代,但受原来高卢人和后来法兰克日耳曼人的影响,法语大大偏离了拉丁语,同属罗曼语族的意大利语和西班牙语显然比它更接近拉丁语。

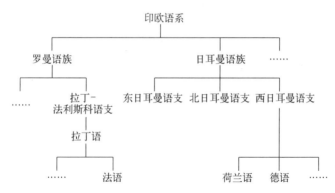

法语、德语与荷兰语在印欧语系中的位置

随着罗马帝国分裂和日耳曼人入侵,各地的民间拉丁语逐渐形成,它是古典拉丁语在法国、意大利、西班牙、葡萄牙、罗马尼亚等地的民间通俗变体,可以认为是古典拉丁语在各个国家和地区的方言。严格意义上来说,法语的前身不是书面拉丁语,而是民间使用的口头语言。

随着时间流逝，各地区语言越来越远离古典拉丁语，大部分民众已经无法理解规范拉丁语。8 世纪中叶开始，高卢甚至到了连负责教育的神父对最直白的宗教文本都看不懂的地步。813 年，教会不得不要求神父使用地方语言传道。842 年 2 月，法兰克王国查理大帝（Charlemagne）的孙子"秃头"查理（Charles le Chauve）和"日耳曼人"路易（Ludwig der Deutsche）两兄弟在斯特拉斯堡相互宣誓效忠，共同反对他们的大哥洛泰尔（Lothaire）。为了使在场的士兵听懂，他俩没有使用拉丁语，而分别使用了罗曼语口语和古高地德语口语。从这一时刻开始，本地拉丁语方言也开始被视为独立语言。罗曼语口语的《斯特拉斯堡誓言》（*Sacramenta Argentariae*）文本被视作古法语最早的书面记录。

刻舟求剑式地抢正统

从 9 世纪起，法国的文献记录者开始实行言文一致的方法，只把他们能够发出的音记录下来，与拉丁语开始划清界限。在卡佩王朝（987—1328年）时代，法语发展出了地方规范，实行正字法原则，即对法语的书写、字音、语法等要素进行规范。受日耳曼语影响，他们把 grandis（长大）写成了 grant，tarde（晚）写成了 tart。然而，第一次正字法很快过时了。语言会随着时间的流逝和社会环境的改变不断变化，就像汉语存在上古音、中古音、近代音、现代音等阶段一样，法语亦是如此。法语一般被认为分成古法语（9—14世纪）、中古法语（14—17世纪初）和现代法语（17世纪初至今）三个阶段。

转眼到了中古法语时期，词尾辅音不发音成为这一时期最重要的语言现象。14世纪末，词末的 r 最先停止发音，有人开始用 voix 代替 voir（嗓音）。16世纪开始，巴黎方言的 h 又不发音了，而且这一现象逐步扩大到全国。然而，此时的正字法并未实行原来言文一致的原则。这是因为文艺复兴的春风从隔壁的意大利吹到了法国，薄今厚古的风气影响了法国。作为欧洲大陆霸主使用的语言，法语逐渐取代了拉丁语的欧洲通用语言地位，成为当时欧洲最有影响力的语言。欧洲的贵族们都以会说法语为荣。

不过,此时的法国人却发现他们的语言距离古典拉丁语渐行渐远,就像国内很多方言喜欢争夺古汉语正统一样,法国人萌发了争夺拉丁语正统之心。他们认为,如果按照实际发音缩写单词,会在法语与拉丁语之间造成巨大的鸿沟。法国语言学家一开始就为制止词末辅音的消失而斗争,并在 14 世纪取得了成功。他们采取了一种与之前"言文一致"相反的原则进行正字,反其道而行之,采取刻舟求剑式的正字法。新的正字法不但不记录语言新的演变趋势,反而实行复古。这样,grant 和 tart 分别又变成 grand 和 tard,h 也被保留了下来。

同时,深受拉丁语影响的誊写人,为了达到复古的"文字美",更重要的是为了增加自己的劳动收入,采取了最繁复的书写方式,保留了词尾大量不发音的字母。这样形成了一种奇葩现象:法语的正字法远远落后于语音的变化,很多字母即使不发音了,但还保存在单词里面。可笑的是,作为拉丁语的发源地,意大利都不写

h 了,法语却仍旧坚持书写。如拉丁语的 homo(人)演变成现代意大利语的 uomo 和现代法语的 homme,意大利语就直接在拼写中省去了 h。瑞士著名语言学家、有"现代语言学之父"之称的弗迪南·德·索绪尔(Ferdinand de Saussure)就嘲讽法语这个正字现象为纪念式的回归。

点缀还是累赘?

现代法语中的 h 可以分成两种情况:一种 h 就跟没有 h 一样,h 之后的元音字母可以跟 h 之前的音节连读或联诵;另一种 h 像紧喉音,要跟之前音节断开不可联。尽管如此,它们都是不发音的。读者如碰到了能发 h 的法国人,恐怕他是北非阿拉伯移民或其后代。

读到这里,想必读者已经知道法国足球名宿 Thierry Henry 翻译成"亨利"是错误的。这是怎么产生的呢? 在 20 世纪 90 年代,体育媒体从业者的外语水平普遍不高。绝大部分人只接触过英语这一种外语,他们把所有的外国人名字都按英语发音规则甚至汉语拼音发音规则来读。但是语言学上有名从主人的原则，要根据人的母语来读姓名。"亨利"法语读作[ɑ̃ʁi]，就应该音译成"昂利"。然而，"昂利"这个音译，在笔者印象中，国内体育媒体好像只有上海五星体育频道和《体坛周报》的译法正确。相对而言，其他行业犯错的概率会低很多，如法国数学家 Henri Léon Lebesgue 就被业内人士翻译成"昂利·莱昂·勒贝格"。

上文已经提及，除了词首的 h，法语的正字法导致大量不发音的辅音留在单词词尾。除了 f、l、r、q 外，充当辅音词尾的其他字母通常不发音。典型的就是法国首都 Paris 读作[paʁi]，中文音译为"巴黎"，而不是"巴黎斯"。在体育界，由于不知道发音规则，大量姓名被误译。带领法国队首次问鼎足球世界杯的名宿德尚，他的姓氏 Deschamps 法语读音为[deʃɑ̃]。但在 2003 年 11 月 6 日，不明所以的新浪体育根据英语规则将时任摩纳哥队主教练的德尚音译成"德斯查姆普斯"。1998 年世界杯另一冠军主力成员 Laurent Blanc，法语发音[loʁɑ̃ blɑ̃]，应译为

"洛朗·布朗",而不是"劳伦特·布兰科"。同样都姓Robert,英国人要译成"罗伯特",法国人则是"罗贝尔"。

可见,法语正字法带来缀字的缺陷十分明显。这些词尾不发音的字母与其说是缀字,不如说是赘字。它们除了增加学习者的记忆和书写成本外,还容易导致不明真相的他国人士误读和误译。法国语言学家安德烈·马蒂内(André Martinet)对此十分厌恶,他曾毫不客气地批评道:"法语中的语法缀字法,对讲法语的人是一种障碍。掌握它所浪费的时光如果用来学别的,那么这个法国人就不至于是这么一位先生——他对地理一窍不通,智力这般低下。"即便如此,法国民众的改革意识仍非常淡薄,他们甚至至今还认为,法语素以其文字"准确明晰"、语音优美而著称于世。由于朝野上下保守派的巨大阻力,文字改革对法国来说是个棘手问题,缀字现象一直存在。

"亨利""布兰科"这些错译已经被广泛使用,几乎已是"积非成是",但"广泛使用的错译"不等于这个错译是对的。姓名读法名从主人是发音和翻译的一大原则,就像中国人的姓名不能按照汉文字圈内的日韩越三国汉字音读和进行拉丁转写一样。现在,随着国人对除英语外的其他语种熟悉度逐渐提高,Hazard 已经译成"阿扎尔"而非"哈扎德",着实令人欣慰。

从 NBA 球员 Zion 译为"锡安"看《圣经》翻译对汉语的影响

NBA 新奥尔良鹈鹕队球员锡安·拉提夫·威廉姆森(Zion Lateef Williamson)的中文名字,译法可谓五花八门,比较常见的有"锡安""蔡恩",此外著名篮球评论员苏群还写成了"柴昂"。最终,大部分媒体将 Zion 译成"锡安"。然而,与他同名的美国犹他州 Zion National Park,中文一般译为"宰恩国家公园"。那么,"锡安"这个人名译法是怎么来的? 这种现象又是如何产生的呢?

根据同源词的音译

语言学上有名从主人的原则,要根据一个人的母语来读当事人的姓名,译名也如此。Zion 是美国人,他的母语是英语。Zion 英语读作［zaɪən］,与汉语普通话"宰恩"相近,按照名从主人的原则,理论上应该翻译成"宰恩"。不过,在我国悠久的翻译史上,有一类沿用习惯译名的原则。不少外来名词,虽然译名读音和原词读音差距很大,但因该译名已成为习惯译名,一直被后世所沿用。"锡安"就是其中一例。

我国民众取名喜欢采用上古时期的《诗经》《楚辞》和中古以来的唐诗宋词中的词,西方人取名则多采用《圣经》。锡安·威廉姆斯的母亲曾向媒体介绍,她的儿子取名于耶路撒冷老城南部偏东的锡安山(希伯来语：Har Tsiyyon；英语：Mount Zion)。锡安(古希伯来语：Ṣîyōn；现代希伯来语：Tsiyyon)原意为"光明""显耀"和"干焦之地",此山建有大卫王的王宫和圣殿,是犹太人宗教、民族和文化的中心,被视作圣山和耶路撒冷的象征。"锡安"是《圣经》中的重要名词,《旧约》中有关锡安的经文多达 100 余处。

《圣经》人名与地名的汉译原则有其特殊性,它们并非一般文学作品或故事里的人名地名,具有传诵性和永恒性,其译法也是统一的。在我国使用最广泛的《圣经》汉译本——和合本里,那些教会内已惯用的名词一般统一不变。由英语 Zion 译为"锡安",就是和合本的固定译法。Zion 的读音离"锡安"有点远,这是因为"锡安"是其同源词 Sion 的音译。《圣经》最初由古希伯来语、古希腊语写成。Zion 的源词是古希伯来语 Ṣiyōn,后被众多语言转写,其中的 Zion、Sion 为英语写法。Sion[saɪən]中的 i 在元音音位变化前读为[i],单词可读为[sɪən],就被英语传教士译作"锡安"。既然 Zion 和 Sion 是一个词,Zion 理所当然也可译作"锡安"了。

近现代以来,"锡安"这一名词被广泛使用:1917 年《贝尔福宣言》中的 Zionist Federation 被译作"锡安主义联盟",而希伯来语中的 Kikar Tziyon(在今西耶路撒冷)和 Tsiyonut 也被翻译为"锡安广场"和"锡安主义"(即犹太复国主义)。

在天主教思高本《圣经》里,这个名词则是另外一种译法,译作"熙雍"。天主教思高本的人名、地名与基督教(新教)的和合本《圣经》相比,译名和译音差别很大,其原因是：和合本经过了多次转译，而思高本是直接翻译。和合本，是先从古希伯来语、古希腊语、拉丁语翻译为英语，再从英语翻译为汉语。思高本《圣经》则不然，它皆译自原文，即从古希伯来语、古希腊语、拉丁语直接翻译为汉语。古希伯来语 Ṣîyôn 直译过来就是"熙雍"。

根据起源词的音译

相比 Zion 的译名"锡安"，Paul 的译名"保罗"就更为复杂了。它是根据最初的起源名词音译的。熟悉 NBA 的读者会发现，姓 Paul 或者取名为 Paul 的球员非常多，如保罗·乔治（Paul George）、保罗·米尔萨普（Paul Millsap），以及明星控卫克里斯·保罗（Chris Paul）。Paul 的英语发音是[pˈɔːl]，应该译为"泡尔"才对，怎么成了"保罗"呢？因为它是根据起源词拉丁语单词 paulus（古希腊语：paulos）翻译的。

在拉丁语里，Paulus 意为"小的、谦逊的"，是古罗马时期就出现的姓氏。这个人名的广泛使用也是受《圣经》

影响。Paulus 是基督教初期教会主要领袖之一,《新约全书》约有一半是由他所写。据《新约全书》记载,他原名扫罗(古希伯来语:Saulus,英语:Saul,原意是要求、祈求),在《使徒行传》13：9 中改名保罗。Paulus 被认为是一个庄严、稳重、坚定的人,为人所敬仰,因此这个名字在西方社会中较为流行。

　　Paulus(Paulos)在中国被天主教和基督教分别译为"保禄"和"保罗",其共同点是忽略了结尾的"s"。不将"s"翻译出来,一方面是为了避讳,另一方面在于中国人的人名一般是单名或双名,三字名过于复杂。《圣经》传播过程中,欧洲各种语言相互影响和吸收,出现了许多变体。Paulus 主要有以下几个转写：Paul(英语)、Paulot(法语)、Pablo(西班牙语)、Paolo(意大利语)、Paulo(葡萄牙语)、Pavel(波兰语和俄罗斯语)。源于英文版《圣经》的和合本《圣经》在音译时,为照顾译名统一的原则,还是根据 Paulus 进行译名,将 Paul 译成"保罗"。

　　如果说 Paul 的译名"保罗"还可以看到一点点源词影子的话,英美另一个常用名 John 的译名"约翰"更令人摸不着头脑。NBA 有大量取名为 John 的球员,如约翰·沃尔(John Wall)、约翰·斯托克顿(John Stockton)。埃尔文·约翰逊(Earvin Johnson)的姓氏也和 John 有关,Johnson 的意思是"约翰的儿子"。"约翰"其实不是英语 John[dʒɒn]的音译,而是古希伯来语 Yoħanna 的音译。Yoħanna 是常见的希伯来文名字,意为"耶和华是仁慈的"。《新约》就有两位著名的约翰,分别是使徒约翰(John the Apostle)和施洗约翰(John the Baptist)。受他们影响,"约翰"一名在西方非常受欢迎,也流传到了欧美各地。Yoħanna 先是演变成拉丁语 Johannēs 和 Ioannes,后变成英语的 John(约翰)、德语的 Johann(约翰)、法语的 Jean(让)、西班牙语的 Juan(胡安)和俄语的 Ivan(伊万)。

　　"John"是最早被统一译法的《圣经》人名之一。在天主教里,John 很早被确定为"若望"。清世祖帝师、《时宪历》的设计者汤若望(德语:Johann Adam Schall von Bell)到中国后,根据 Johann Adam 的发音和当时的译法,取汉名为"汤若望"。此后的天主教译者也沿用了这

一译名,叫 Ioannes 的历代教宗也因此被译为"若望 X
世",如若望一世(拉丁语:Sanctus Ioannes PP. I)、若望
二世(拉丁语:Ioannes PP. II)。

新教传教士也在尝试统一《圣经》人名、地名的汉译,
John 的译名"约翰"很早就被确定下来。美国人丁韪良
(William Alexander Parsons Martin)是最早将英文版
《圣经》翻译成汉语官话和方言的人之一。他在翻译宁波
话《约翰福音》时,并没有将 John 直接译成接近原文读音
的宁波话拼音 Djông,而是先将 John 译成官话词"约翰",
再根据"约翰"的宁波话读音转写成 Iah'en。

Paul(Paulus)和 John(Yoħanna)也并不完全按照起
源词汉译,这是因为这两个男性名衍生出了大量女性名。
Paulus 的女性形式为 Paula(宝拉)、Pauline(保琳)、
Paulina(宝琳娜)、Paulette(保莉特)等;Yoħanna 的女性
形式则有 Jane(简)、Joanna(乔安娜)、Jan(珍)、Janey(珍
妮)、Janie(詹妮)、Ivanka(伊万卡)等。女性名要是仍按
起源词进行翻译,就不合适了,因此这些衍生词都是根据
单词本身读音进行音译的。

名从主人的音译

　　"锡安""保罗""约翰"这类汉语译名有一个显著的缺点，就是读者无法根据译名还原英语原名。其他与《圣经》有关的地名，并不像这几个词一样，拘泥于天主教或新教的汉语《圣经》译名，而是直接根据单词本身读音进行音译。James 就是很好的一个例子。James 也是 NBA 中的庞大家族，长期霸占联盟第一人位置的勒布朗·詹姆斯（LeBron James）、前火箭队当家球星詹姆斯·哈登（James Harden）。这两个"詹姆斯"要是按照和合本的译法，应当译为"雅各"。

　　James 源于古希伯来语 Yaakov（古希腊语：Jakobos；拉丁语：Iacobus），意思是"抓住"。《新约》有 3 个 James：西庇太之子雅各（James, son of Zebedee），耶稣的十二门徒之一，使徒约翰的兄长；亚勒腓之子雅各（James, son of Alphaeus），也是十二门徒之一，通常称为小雅各；耶稣的兄弟公义者雅各（Saint James the Just），也被称作耶路撒冷的雅各（James of Jerusalem）、主的兄弟雅各（James, the Brother of the Lord）。Yaakov 传入欧洲后，光英语就有十数个变体，常见的有 James（詹姆斯）、Jacob（雅各布）、Jack（杰克）、Jim（吉姆）、Jimmy（杰米）。Yaakov 其他语言变体也是遵从了名从主人的原则，比如哥伦比亚球星 James Rodríguez 西班牙语读作［ˈxamez roˈðriɣes］，就译成"哈梅斯·罗德里格斯"。

除了 James，Andrew 一名通常也采取直接音译的方法，比如勇士的安德鲁·博格特（Andrew Bogut）、森林狼的安德鲁·威金斯（Andrew Wiggins）。Andrew 源于耶稣第一个门徒安德烈（古希腊语：Andreas）。使徒安德烈（Andrew the Apostle）在基督教中地位很高，又被称作"圣安德烈"（Saint Andrew）。天主教通常译作"安德肋"或"安德"，新教译作"安得烈"。英语单词 Andrew 在中文环境中，除了像香港圣安德烈堂（St Andrew's Church）之类与基督教直接相关的名词外，现在一般都直接音译为"安德鲁"。

"篮球之神"迈克尔·乔丹（Michael Jordan）之名其

实也源于《旧约》,是天使长圣米迦勒(古希伯来语:Michael)的名字,意为"与神相似者"。

综上可见,除了"保罗""约翰"等少数译名采用汉传《圣经》译名外,大部分与《圣经》相关的人名都是采用"名从主人"的译法,即根据当事人的母语读音进行音译。实际上,除了上文提到的宰恩国家公园,伊利诺伊州莱克县宰恩市(Zion City)也是根据 Zion 的英语读音直接音译的。为此笔者建议,球员 Zion 译名与其用"锡安",不如名从主人,换成"宰恩"。毕竟 NBA 球场和 NBA 直播平台都不是宗教活动场所,没有必要与宗教书籍的译名保持一致。

mojito 译成"莫吉托"是标准的中式翻译错误

著名歌手周杰伦有一首以古巴为取景地的歌曲,歌名也是以古巴有名的鸡尾酒 mojito 命名的,就叫《Mojito》。这首歌在发布之后热度非常高,原因之一就是 mojito 的读音引起了论战。大家发现 mojito 在歌曲中的发音并非大家常听到的"莫吉托",而是更接近汉语"莫喜多"三个字的读音。

西班牙语的独立

mojito(国际音标:[mo'xito])是一种传统的高球鸡尾酒。它的具体起源已经无法追溯。不过公认的是,古巴是它的故乡。一些历史学家认为,这种鸡尾酒与 19 世纪在古巴甘蔗田里工作的非洲人有关。这种用石灰、甘蔗汁和薄荷加工的鸡尾酒用来预防坏血病和痢疾。mojito 这个名字也反映出它的古巴背景：其一，mojo 是一种用石灰制成的古巴调味料；其二，mojito 还是 mojadito(西班牙语"湿"的意思)的派生词。

　　古巴的流行语言和官方语言是西班牙语，mojito 自然按西班牙语的规则来发音，不能硬套英语或者中国的汉语拼音来发音。mojito 之所以被长期误译为"莫吉托"，主要是因为将 mojito 的 j 读成了汉语拼音的 j，而西班牙语的 j 在西班牙语中读[x]，相当于汉语拼音 h 的读音。j 为什么这么读，这就要提到西班牙语的历史和 j 字母的历史了。

　　西班牙语是罗曼语族(又称罗马语族)的一支，其原祖是古典拉丁语。公元前 3 世纪，罗马人入侵伊比利亚半岛。伊比利亚人被不同程度地罗马化，拉丁语逐渐通行于该地区。罗马人的官方语言拉丁语顺理成章地成为伊比利亚地区的上层语言和通行语言。公元 5 世纪，罗马帝国崩溃，拉丁语逐渐分化。各地的民间拉丁语逐渐形成，它是古典拉丁语在法国、意大利、西班牙、葡萄牙、罗马尼亚等地的民间通俗变体，可以认为是古典拉丁语在各个国家和地区的方言。

公元 8 世纪，阿拉伯人征服了伊比利亚半岛的大部分地区。众多基督教王国在天主教势力支持下展开对半岛的漫长收复运动，半岛逐渐形成了卡斯蒂利亚王国、阿拉贡王国、葡萄牙王国等国家。半岛也产生了多种语言（方言），包括卡斯蒂利亚语、加泰罗尼亚语、加里西亚语、阿兰尼斯语和莱昂尼斯语等。

在收复运动中，卡斯蒂利亚王国取得了领导地位，也使卡斯蒂利亚语逐渐成了半岛的官方语言。1469 年，阿拉贡王国的斐迪南二世（Fernando Ⅱ）与卡斯蒂利亚王国的伊莎贝拉女王（Isabel Ⅰ la Católica）联姻，使这两个王国合并，基本实现了西班牙的统一。1492 年，萨拉曼卡大学教授安东尼奥·德·内夫里哈（Antonio de Nebrija）将自己撰写的《卡斯蒂利亚语语法》（*Gramática de la lengua castellana*）进献给伊莎贝拉女王，卡斯蒂利亚语就是现今所称的西班牙语。

《卡斯蒂利亚语语法》其实也是对教会的官方语言书面拉丁语的一次打击。内夫里哈宣称"语言将永远与帝国相伴随",他认为,希伯来语、希腊语、拉丁语都有过自己辉煌的时代,现在已经是西班牙语的辉煌时代。路德用德语翻译《圣经》后,更是加速了教权的衰落。各国君主为了树立政治权威,纷纷主张用本地语言和文字,欧洲的语言格局为之改变,教会拉丁语也为地方语言所取代。1518 年,西班牙议会宣布承认斐迪南与伊莎贝拉的外孙卡洛斯一世(Carlos Ⅰ)〔即查理五世(Karl Ⅴ),出生地在根特,位于今比利时〕为西班牙国王之时,要求他学习西班牙语。

J 字母的产生和音变

想必读者已经注意到了 Nebrija 的 ja 音译为"哈",西班牙有个前国脚也叫鲁本·巴拉哈(Ruben Baraja)。Ja 为何如此发音? 这是 j 字母在西班牙语中音变的结果。

拉丁字母(Latin alphabet)是目前世界上使用最广泛

的字母文字体系,是大部分国家使用的标准字母或工具字母。它是古罗马所使用的字母,所以又称罗马字母(Roman alphabet)。我们现在常见的拉丁字母共有 26个,各有大小写两种形式。不过,最初的拉丁字母只有 21个,没有 J、U、W 和 Y、Z。罗马征服其他地区后引进了Y、Z,而 J、U 和 W 分别用 I、V、V 表示。11 世纪后,J、U和 W 产生。但是,I 和 J 都可以发作[i]、[i:]以及[j],两个字母经常互换,J 因此也被称为"辅音 I"。《新约》的"约翰"(希伯来语:Yoḥanna)在拉丁语中就有 Johannēs 和Ioannes 两种写法。

进入 15、16 世纪,I 和 J 的表音功能开始分化。根据大卫·萨克斯(David Sacks)《伟大的字母:从 A 到 Z,字母表的辉煌历史》(*Letter Perfect: The Marvelous History of Our Alphabet from A to Z*)的记载,J 最早的固定使用出现在西班牙。15 世纪后期,小写 j 和 i 已同时用于西班牙语。大写 J 则稍晚一些,在 1600 年之前出现于西班牙语印刷品中,随后这一规则又影响到了德语、法语。

而在这一时期,J 在西班牙语中表示的辅音音值也在发生变化。西班牙语本来在中世纪用 J 表示舌叶音[ʒ],与现在的法语、葡萄牙语等类似。15 世纪以后,西班牙语的[ʒ]从浊音演变为清音[ʃ],紧接着又软腭音化为[x],也就是现在 J 在西班牙语里的发音。这一演变结果大概在 16 世纪基本定型。

普通话的 h 其实也是[x]。发音时,舌面后部接近软腭。南方汉语方言的吴语、粤语、闽语与英语的 h 一样,读[h],发音部位在喉部。普通话以及很多北方汉语方言中,实际上并不存在[h]音,取而代之的是清软腭擦音[x]。由于[x]与[h]读音接近,《汉语拼音方案》就把[x]设计为 h,把[x]对应的腭化音[ɕ]设计为 x。虽然普通话里已经没有 hi 这个音,不过"希""喜"等字在团化前读 hi。西班牙语的 ji 音节可以译成"喜"。

此 James 非彼 James

2014 年夏天,年轻的哥伦比亚球员 James Rodríguez

（西班牙语：['xamez ro'ðɣes]）一鸣惊人，以 5 场比赛 6 进球 2 助攻的优异表现，夺得巴西足球世界杯的金靴奖。NBA 联盟头号球星勒布朗·詹姆斯说："他这么强，因为他和我一样，都叫 James[dʒeimz]。"勒布朗的话并不对，因为另一个 James 并不叫"詹姆斯"。央视体育主持人此前并不认识这个年轻球员，按照英语规则音译为"詹姆斯"，这当然不正确。哥伦比亚是西班牙语国家，James 当然得按西班牙语规则发音。根据西班牙语的读音，中文应该音译为"哈梅斯"。

最为中国人所熟悉的外语——英语属于日耳曼语族，并不遵循罗曼语族的发音规则和演变规则。英语中的 J 不像法语、葡萄牙语等罗曼语族语言这样读[ʒ]，而是 [dʒ]。古英语本来也没 J 字母，也无[ʒ]音，只有[dʒ]这个音。受法语影响后，把法语里的 J[ʒ]挪用过来表示自己的近似音[dʒ]。

欧洲的语言格局改变后，同一个词在欧洲各国变成了不同写法。以上文提到的《圣经》人名"约翰"为例，它在拉丁语中写成 Johannēs 或 Ioannes，现在演变为俄语的

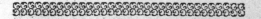

The *SAXON-ALPHABET.*

Figure,		Power.	
A	a.	*A*	*a.*
B	b.	*B*	*b.*
C	c.	*C*	*c.*
D	d.	*D*	*d.*
E	e.	*E*	*e.*
F	f.	*F*	*f.*
G	g.	*G*	*g.*
H	h.	*H*	*h.*
I	i.	*I*	*i.*
K	k.	*K*	*k.*
L	l.	*L*	*l.*
M	m.	*M*	*m.*
N	n.	*N*	*n.*
O	o.	*O*	*o.*
P	p.	*P*	*p.*
R	p.	*R*	*r.*
S	s.	*S*	*f.*
T	t.	*T*	*t.*
D	þ	*TH*	*th.*
U	u.	*U*	*u.*
V	w.	*W*	*w.*
X	x.	*X*	*x.*
Y	y.	*Y*	*y.*
Z	z.	*Z*	*z.*

The Englijh-Saxons write ⁊ *for* and ; *and* þ *for*
þæt *or* þat.

FINIS.

撒克逊字母表（古英语字母表）

Ivan(伊万)、英语的 John(约翰)、德语的 Johann(约翰)、法语的 Jean(让)以及西班牙语的 Juan(胡安)。Juan 是西班牙常见的男子人名,比如曼联足球俱乐部的 Juan Mata。按照西班牙语发音,Juan 读作['xwam],音译为"胡安"。如果按照汉语拼音规则硬套,恐怕要读成"捐"或"娟"了。

同一个人名,在不同国家也是不同读音,即便是在西班牙语和葡萄牙语这种兄弟语言。葡萄牙著名足球教练 José Mourinho 经常被我国媒体译成"何塞·穆里尼奥"。José 在西班牙语里读作[xo'se],可译成"何塞"。但他是葡萄牙人,José 在葡萄牙语里读[ʒu'zɛ],当译作"若泽"或"儒泽"。

那么,mojito 的 to 为何要译成"多"呢?这也是英语发音规则和汉语拼音的"锅"。英语与法语、西班牙语等罗曼语族的辅音虽说都是两分,但前者的 t 其实是国际音标的[tʻ],后两者是国际音标的[t],即汉语拼音 d 的读音。汉语拼音的特点之一是用浊音字母 b、d、g 表示不送气清音声母[p]、[t]、[k],用不送气清音字母 p、t、k 表示送气清音声母[p']、[t']、[k']。这样处理的好处是省掉了送气符号,但在读外语时容易受到干扰。mojito 的 to 读音实际上更接近普通话"多"[tuo]。

　　综上,mojito 译成"莫吉托"是一个典型的中式音译,是按照汉语拼音规则去读西班牙语单词的结果。还是一句话,"广泛使用的错译"不等于这个错译是对的,姓名读法名从主人是翻译的一大重要原则。

从 Charles 译为"查理"看英法人名的习惯译法

英国女王伊丽莎白二世(Elizabath Ⅱ)的长子查尔斯王子（Charles Philip Arthur George Mountbatten-Windsor)登基成为英国新君主后，选择全名之中的 Charles 作为封号，称为查理三世(Charles Ⅲ)。那么，为何迄今为止大部分媒体选择译为"查理三世"，而不是"查尔斯三世"呢?

查理：源自昵称的译法

一般来说，语言学上有名从主人的原则，要根据一个人的母语来读当事人的姓名，译名也如此。但历史上的同名君主如果有了固定的译法，后世的同名者一般不作他译。以查理三世的封号"查理"为例,它其实是 Charles 的昵称形式 Charlie 的音译。目前已经无法考证哪个学者将 Charles 译作"查理"。由于欧洲历史上有个叫 Charles 的国王被译作"查理"。为了与之前的译名不发生冲突,后来的译者把名为 Charles 的欧洲国王都译作"查理"。中文译名之所以如此处理,是因为欧洲王室成员的重名率实在是太高了。

　　欧洲王室成员重名率高,与他们的基督教文化传统有关。中世纪以来,欧洲人取名多从教名和圣人名里面取,造成重复率极高。Charles 王子以查理三世为封号,是因为之前有两个英国国王也叫查理。即使他们之间血缘相差很远,甚至毫无血缘关系,也得按顺序称呼为某某几世。历史上有个英国国王叫查理(1625—1649年在位),他被称为查理一世,是因为他是英国第一个叫查理的国王。查理一世的儿子也叫查理,于是被称作查理二世(1649—1651 年第一次在位,1660—1685 年第二次在位)。

　　英国国王至今只排序到查理三世,法国叫 Charles 的国王则要多得多——从查理一世一直到查理十二。欧洲为何有这么多国王叫作 Charles？因为他们致敬的是同一个大人物，即法兰克帝国的第一任君主查理大帝（Charlemagne）。这个查理大帝就是扑克牌红桃 K 上的人物。

历史上的欧洲君主身兼多国君主是司空见惯的现象。以查理大帝为例，他同时是法国、德国、意大利等诸多国家历史上的君主。Charles 一词源于原始日耳曼语 *karilaz，意为"自由人"。由于现在各国语言不同，他的姓名在各国的写法也不同。查理大帝是法兰克王国的 Charles Ⅰ，是德意志的 Karl Ⅰ，也是意大利半岛上伦巴第王国的 Carlo Ⅰ。如果一会儿译成"查尔斯"，一会儿"卡尔"，一会儿"卡洛"，会造成不小的混乱，所以就统一译成"查理"。

中国人最熟悉的 Charles 是法语形式，英语写法与法语完全相同，这与 1066 年的诺曼征服有关。在这一年，法国的诺曼底公爵威廉（William the Conqueror）率军征服英格兰，彻底改变了英格兰的政治和文化走向。从此，

丢勒(Albrecht Dürer)绘制的查理大帝像用了拉丁语形式名 Karolus

法文版扑克红桃 K 用了 Charles

英格兰在语言和文化方面长期受到法国影响。大量法语词汇进入英语，法语甚至还影响了英语的拼写。

有意思的是，Charles 这个原本是法语的单词进入中文世界后，反而是通过英语传播的。受英语读法先入为主的影响，法国众多的 Charles 国王被误译为"查理"已成惯例。不过在其他领域，Charles 还是根据法语的读音[ʃaʁl]译作"夏尔"。法国前总统 Charles de Gaulle 就译为夏尔·戴高乐。

亨利：源自英语的译法

查理三世的次子是社会上具有较高知名度的哈里（Harry）王子。他的全名是 Henry Charles Albert David Mountbatten-Windsor。这个 Harry 其实是 Henry 的昵称形式。

Henry 也是从古法语传入英语的。古法语中 Henry（另一变体 Henri）源于古法兰克语 Heimeric，而这一名字又源于原始日耳曼语*Hainariks，本义是"封建领主"。除了中国人所熟悉的 Henry，其意大利语形式是 Enrico，西班牙语形式是 Enrique，德语形式是 Heinrich。

　　亨利是颇受英国王室喜爱的名字，至今已排序到亨利八世。法国则排序到亨利四世。在中文世界中，叫 Charles 的普通法国人基本已经名从主人，译作"夏尔"。Henry 则糟糕得多，除了国王被译作"亨利"外，叫 Henry 的普通法国人也被译作"亨利"。法语 Henry 读作［ɑ̃ʁi］，音译当作"昂利"。但是，绝大部分人只接触过英语一种外语，他们把所有外国人的名字都按英语发音规则甚至汉语拼音发音规则来读。法国足球名将 Thierry Henry，就被错误翻译为"亨利"。

　　法语是古拉丁语的后代，但属于非正统的后代。古拉丁语早在罗马共和国末期就不发 h 这个音了，甚至一度把 h 踢出了字母表；而高卢地区恢复了这个音，是法兰克王国（481—843 年）初期从日耳曼语中引进的。16 世纪开始，巴黎方言开始非日耳曼化，h 又不发音了，逐步扩大到全国。然而，法语的正字法并未实行言文一致的原则。文艺复兴后，意大利薄今厚古的风气影响了法国。

随着法国成为欧洲大陆的霸主,法语也逐渐取代拉丁语的欧洲通用语地位,成为当时欧洲最有影响力的语言。欧洲的贵族们都以会说法语为荣。就像国内很多方言喜欢争夺古汉语正统一样,发迹后的法国人虚荣心渐长,萌发了争夺拉丁语正统之心。可惜的是,受高卢人和日耳曼人的语言影响,法语已经大大偏离了古拉丁语。法语与意大利语、西班牙语虽同属罗曼语,但后两者显然与古拉丁语更接近。法国人认为,如果按照实际发音缩写单词,将在法语与拉丁语之间造成巨大的鸿沟。这样会极大地影响法语的形象,还会被意大利语等正统拉丁语后代鄙视为野蛮人的语言。于是,h 这类不发音的赘字一直保留至今。同时在法语里,Henry 中的 e 读成[ɑ]。所以,Henry 的拼写与今天法语的实际发音有着巨大的差异。

意大利语与西班牙语却不像法语这般刻舟求剑,直接在拼写里去掉了字母 h。1589 年 8 月,法国国王亨利三世在巴黎遇刺身亡,因无后裔,由其远亲纳瓦拉国王 Enrique Ⅲ 即位。纳瓦拉王国是古代控制比利牛斯山脉大西洋沿岸土地的一个国家,那里的人讲西班牙语。Enrique Ⅲ在纳瓦拉被称作恩里克三世。他任法国国王后,因 Enrique 的法语形式为 Henry,成了法国的亨利四世。

　　德语除了有海因里希(Heinrich)这个高地德语形式,又有低地德语形式 Hinrich 和 Hinnerk。这些德语使用者移民到美国后,其姓氏也进入了英语世界。NBA 公牛队名宿、队史三分王 Kirk Hinrich 长期被误译为"科克·辛里奇"。其实在英语里,该姓氏读作['haɪnrɪk],译作"亨里克"才是恰当的。

路易:源自法语的译法

　　法国人名"查理"和"亨利",都是我国译者根据英语读音规则造成的误译。那么,有没有根据法语规则固定翻译英语人名的例子呢? 也是有的,那就是路易(Louis)。

　　英法的 Louis 也是一个古老的人名,源于古法兰克语的 Chlodowig,意为"获胜者"。它还有其他变体:另一个英语形式是 Lewis，德语形式是 Ludwig，西班牙语形式是 Luis，葡萄牙语形式是 Luís。受法语的巨大影响，英国王室中的 Louis 往往也是根据法语规则来读的。

英国国王查理三世的孙子、威廉王子的次子路易王子全名为 Louis Arthur Charles。姓名中的 Louis 与 Charles 分别致敬的是高舅公蒙巴顿伯爵 George Louis Mountbatten 和祖父查理三世。小王子出生后，BBC 新闻证实，Louis 读作 Lou-ee，而不是 Lou-iss，即词尾的 s 是不发音的。小王子的名字因此要译为"路易"，而非"路易斯"。词尾不发音不是英语的规则，是典型的法式读音规则。

除了英法语之外，其他语言的 Louis 还是与 Charles、Henry 等人名一样，根据该语种的发音来音译。蒙巴顿伯爵的父亲，是英国蒙巴顿家族创始人，也是第一代米尔福德黑文侯爵路易·亚历山大·蒙巴顿（Louis Alexander Mountbatten）。路易·蒙巴顿原本出身于德意志邦联下面黑森大公国公室。他的本名 Ludwig von Battenberg，是个典型的德语名。Ludwig 虽然与 Louis

词义同源，但其德语读音为［luːdviç］，当译作"路德维希"。前西班牙足球国家队主教练、巴塞罗那名宿 Luis Enrique 的译名为"路易斯·恩里克"。

可见，对于欧洲人的人名，尤其是与贵族有关的人名翻译，要因地制宜，就事论事。不然，会非常容易造成"查理""亨利"等积非成是的误译。

世界上非"名从主人"的通用国名

近年来,出现了荷兰、土耳其等国家更改或确定通用国名(主要是英语名)的事件。比如,印度拟将通用的国名 India 废弃,仅使用印地语国名 Bhārat(婆罗多)。印度不使用 India 的理由很简单,因为 India 是英语带来的一个外来词,不是本国固有的国名。放眼世界,用外语(尤其是英语)而不用他国现有国名(或官方国名)称呼的例子非常多。

外来名成国名

在南北美洲之间的海域里,有一连串的岛群被称作西印度群岛(West Indies Islands)。今天的古巴、牙买加、海地等国都在这个群岛内。历史上,这个群岛与亚洲的印度没有任何关联。1492 年 10 月 12 日，受西班牙王室支持的航海家哥伦布于美洲巴哈马群岛上登陆，误以为这里是印度，并将此地的原住民称作"印度人"（西班牙语：Indios）。

后来的欧洲人虽然发现了哥伦布的错误，但是"印度人"的错误称呼已经普及。于是在欧洲语言中，只能称真正的印度人为"东印度人"，美洲的则是"西印度人"。我国是通过英语 Indian 了解到"西印度人"的，就直接音译为"印第安人"或"印地安人"，免去了与真正的印度人混淆的麻烦。

由于西印度群岛历史上分属不同的欧洲国家，没有建立起统一的国家，所以 West Indies 没有成为国名。而在亚洲，有个名叫"印度群岛"的国家在 20 世纪出现了，即印度尼西亚。东南亚由于位于印度东部，被欧洲人称为东印度（East India）。1602 年成立的荷兰东印度公司，在印度次大陆和东南亚发展贸易，以及拓展殖民地。抵达印尼后，荷兰东印度公司逐渐将原先的各小国吞并，建立了统一的殖民地。1799 年，荷兰东印度公司解散，荷兰政府接管这些地区,史称荷属东印度(荷兰语:Nederlands-Indië;印尼语:Hindia Belanda)。

1949年,荷属东印度独立。独立的新政权将该地区的国名取名为"印度尼西亚"(Indonesia)。Indonesia一词源自希腊语的印度(Indus)及岛屿(nèsos),本义即"印度的岛屿"。印尼古代深受印度文化影响,其实也能说得过去。

在英语中,土耳其长期被称为Turkey。这一英语单词有"火鸡""蠢人"等意思。2022年,该国致函联合国及其他国际组织,将国际官方名称更改为土耳其语Türkiye。

印度、土耳其的英语名起码还与原有词相近,还有很多国家的英语名与原有名词根本看不出关联。芬兰在英语中是Finland,但在芬兰语中是Suomi。克罗地亚的译名也是来自英语Crotia,克罗地亚语却是Hrvatska。格鲁吉亚的英语名称是Georgia,台湾方面根据英语将其译为"乔治亚",与美国的乔治亚州(State of Georgia)同名。在格鲁吉亚语中,这个国家叫作Sakartvelo,音译为"萨卡特维洛"。希腊的英语名是 Greece,中文没有采用这一英语单词,而是名从主人,根据古典希腊语单词 Hellas 音译而来。

Japan 也是一个典型例子。日本首次出现在欧洲文献的记载,见于大名鼎鼎的《马可·波罗游记》。不管马可·波罗(Marco Polo)有没有来过中国,他没去过日本是肯定的。他在游记里将日本称为 Cipangu。Cipangu 经过英语转写,就成了 Japan。其实,日本和印度一样,也想将英语名改成"日本"的日语汉字音 Nippon,不想叫 Japan。India 至少与印度原本名称的 Sindhu/Hindhu 多少有点接近,而 Cipangu 只是马可·波罗随口说的。

地区名成国名

很多中国人以为"英国"是英国的官方名称。其实不光是中国人,很多外国人也是如此,会误认为 England 是英国的国名。英国的官方名称叫"大不列颠及北爱尔兰联合王国"(The United Kingdom of Great Britain and Northern

Ireland)，简称"联合王国"(United Kingdom，缩写作UK)或"不列颠"(Britain)。英格兰只是王国的一部分，用England指代整个国家，是该国历史发展演变的结果。

927年，威塞克斯国王埃塞尔斯坦(Aethelstan)征服了维京人建立的约克王国，成为整个英格兰的第一位统治者。威尔士地处英格兰之西，很早成为英格兰王国的一部分。1603年，都铎王朝的女王伊丽莎白一世辞世，她终生未婚，由她的表侄外孙、苏格兰国王詹姆士六世(James Ⅵ)继承英格兰王位〔英格兰称詹姆士一世(James Ⅰ)〕。之后，英格兰及苏格兰两个王国仍然维持共主邦联的关系。直到1707年，两国正式合并为一个国家，名为大不列颠王国(The Kingdom of Great Britain)。

从1542年起，爱尔兰也一直与英格兰保持共主邦联的关系。1800年，爱尔兰议会决定废除爱尔兰王国。次年，爱尔兰王国和大不列颠王国正式合并为大不列颠及爱尔兰联合王国。可见，英格兰在大不列颠王国中始终占据核心位置，这使之成为对英国的习惯代称。

汉语中的"英伦三岛"一词,其实也是用 England 指代该国。成书于雍正八年(1730年)的《海国闻见录》称,"英机黎一国,悬三岛于齐因、黄祁(春伟注:"齐因"指丹麦,"黄祁"指今天的德国)、荷兰、佛兰西四国之外海"。它是目前可考的最早使用"英伦三岛"这一概念的文献。1844年出版的梁廷枏《兰仑偶说》沿袭了"英伦三岛"的说法,并用"英吉利"指代英国国名。卷二说:"国曰英吉利……亦曰英伦……三岛并悬。"卷四则说:"英吉利国在欧罗巴洲,三岛孤悬大西洋中,迤东两岛相连,南为英伦,北曰斯葛兰……西别一岛为以耳兰。"文中的"斯葛兰"指苏格兰,"以耳兰"指爱尔兰。可见,梁廷枏误认为不列颠岛是两个大岛了。

地区名当成国名的典型例子,除了英国,另外较有知名度的是荷兰(荷兰语:Holland)。查询荷兰的官方名称,发现找不到 Holland,只能查到尼德兰(荷兰语:Koninkrijk der Nederlanden;英语:The Kingdom of the Netherlands)。Holland 意为盛产木头之地,最早是指哈勒姆(Haarlem)周边地区,后成为荷兰地区的名称。这个地区相当于今尼德兰王国北荷兰省与南荷兰省两地。在尼德兰七省联合共和国时代,荷兰已经是国内土地最大、人口最多、经济最富裕的省份。同英格兰一样,荷兰也因此被用来指代尼德兰整体。在当时,联省共和国就已经有"荷兰共和国"的别称了。

2020 年 1 月起,荷兰政府决定,在运动赛事及宣传场合中不再使用非正式的 Holland 一词,一律只使用官方的正式名称 Nederland,Logo 采用"NL"缩写。不过,在中文译名方面,荷兰旅游部门在微博上宣布,仍旧采用"荷兰"一名。

朝代名成国名

除了上述两种现象,还有一种现象是将该国古代有影响力的朝代名当作官方国名来称呼。这在东亚比较常见,中国与朝鲜半岛都是如此被西方人称呼。

英语中的 China、法语中的 Chine,乃至古希腊语中的 Sinae 都起源于古梵语 Cina 的西传。唐代著名高僧玄奘在《大唐西域记》中明确表示 Cina 是前朝国号。戒日王问玄奘:"大唐国在何方?"玄奘回答:"当此东北数万余里,印度所谓摩诃至那国是也。"摩诃至那国的梵语名 Mahachinasthana,maha 意为大,china 意为智慧,sthana 意为国度,可见此词在古印度含有称誉"文明智慧之国"之意。在《大唐西域记》中,玄奘还对戒日王说:"至那者,前王之国号;大唐者,我君之国称。"所以,把 China 说成是瓷器是不对的,用 china 来指代瓷器是近古的用法。

流传最广的说法是,Cina 是我国首个中央集权皇朝秦帝国的转写。此说法最初来自明末来华的意大利汉学家、地理学家卫匡国。他在《中国新地图集》中说,秦朝的名称转变为梵语 Thin、Chin。这个说法有很大的硬伤。首先,"秦"在古代汉语中一直念浊音,直至近代汉语方始变清音。各外语有浊音,如是对译"秦"字,为什么却全都对译作清音,无一作浊音呢? 其次,Cina 早在 3 000 年前就出现在印度文献中,而当时秦尚未成为诸侯国。公元前 770 年,秦襄公护送周平王东迁有功后,才获封为诸侯并建立秦国。在此之前,秦怎么会威名远播呢?

为此,著名语言学家郑张尚芳认为 Cina 是晋国(上古音:sin)的转写,印度人是通过中亚人从北方草原的狄人、匈奴人处得知中国的。草原民族南下最初碰到的应是周成王时分封于北边的晋国。晋国一直是诸侯强国,直到三家分晋。

位于我国北方的辽朝由契丹人建立,在契丹文中又称"大契丹国"。古代蒙古人首先泛称中国北方为"契丹",这一名词后随蒙古人建立的金帐汗国传到东欧。迄今为止,俄罗斯、保加利亚等斯拉夫语国家仍旧使用契丹的音译即 Kitay 称呼中国。

朝鲜、韩国、日本、越南等汉字文化圈国家,由于历史上一直使用汉字,因此采用"中国"两字的当地读音称呼中国。印度尼西亚虽然不属于汉字文化圈,但现在也已按照"中国"的闽南语读音改用 Tiongkok 称呼中国。

除了中国,西方国家对朝鲜半岛也是用古代朝代名来称呼。王氏高丽王朝统治朝鲜半岛长达五个世纪,对后世产生了巨大影响。现今,英语的 Korea 或 Corea 就是"高丽"的音译。

　　不光东亚国家的古代朝代名被西方国家用作当代国名,欧洲也有现实例子,典型的就是 Germany 一词。欧洲历史上有个德意志民族神圣罗马帝国(德语：Heiliges Römisches Reich deutscher Nation；拉丁语：Sacrum Romanorum Imperium nationis Germanicae)。在中世纪欧洲,拉丁语是通用的书面语。在民族国家建立之前,神圣罗马帝国也常用拉丁语自称。而在近代民族国家德国建立后,改用了乡音词 Deutschland。英语用的是拉丁语的变体,拉丁语的直系后代意大利语则直接使用 Germania 称呼德国。对待外来名词时,欧洲经常不讲究名从主人的原则。与此相反的是,中国、韩国、日本等汉字文化圈国家习惯名从主人,是根据 Deutschland 进行译名的。

后记

本书是在我历年发表的语言学文章基础上修订而成的。小时候我就对方言产生了浓厚的兴趣。我的本专业是政治制度史,大学时我在互联网上寻找历史地理资料,无意中接触到了方言学,并彻底喜欢上了它。

此刻,我回顾这段不平凡的旅程,心中充满了感慨。古人云:"自助者,天助之;自立者,人恒立之。"这句话放到今天依然有意义。我发现学术的世界需要耐心和勤奋,也充满了智慧和挑战。在撰写本书的过程中,我不断地自我思考,不断地搜集文献,不断地学习请教,有了许多收获。

我总觉得,走上语言学研究之路不单单是个人爱好,也与历史的进程密切相关。我很庆幸赶上了互联网时代,使得我能够获得海量的语言学文献,也能够向志同道合的师友学习语言学，并探讨相关问题。

　　我还有幸得到郑张尚芳老师、游汝杰老师、石汝杰老师的指导。三位前辈治学严谨、学术造诣深厚，一直是我学习的榜样，也使我对这个领域有了更深入的认识和理解。

　　非常感谢崔山佳老师、林素娥老师、谢蓉蓉学姐将我带上语言学专业研究的道路。感谢胡方学长赐予大序。因为爱好语言学，研究吴语尤其是宁波方言，我才得以结识几位师长，是很幸运的。

　　我还要感谢上海教育出版社、宁波天一书局对本书出版的支持。感谢上海教育出版社毛浩和蒋陈唯编辑，正是他们的专业能力和敬业精神，让本书顺利出版。本书还得到宁波陈史琼妹的热心帮助，宁波李瑶瑶妹、苏州蔡佉兄的专业指点，以及蒋伊涵、任天易两位学妹在资料整理上的帮助。

　　最后，感谢所有在本书撰写过程中给予我帮助的人。正是有了你们的支持，我才能够克服困难，不断前进。家人的理解和支持是我坚持下去的动力，尤其是安安小朋友的督促。安安至今能说一口流利的宁波话，这是一件令人欣慰的事情。

我想把这部书的完成作为新的研究起点。我希望在未来会有更多人关注和讨论家乡方言，为这一领域的发展做出更大的贡献。希望这部书能够为读者带来一些启示和收获，成为我们共同成长的见证。

是为记。

徐春伟

于望海城南薰门内

2025 年 2 月 20 日

图书在版编目（CIP）数据

语海拾珍：语音背后的故事 / 徐春伟著. —— 上海：
上海教育出版社，2025.6. —— ISBN 978-7-5444-8420-6

Ⅰ. H0-53

中国国家版本馆CIP数据核字第2025V4D692号

责任编辑　蒋陈唯　毛　浩

美术编辑　周　吉

语海拾珍：语音背后的故事

徐春伟　著

出版发行　**上海教育出版社有限公司**

官　　网　www.seph.com.cn

地　　址　上海市闵行区号景路159弄C座

邮　　编　201101

印　　刷　上海叶大印务发展有限公司

开　　本　787×1092　1/32　印张 10.125

字　　数　140 千字

版　　次　2025年6月第1版

印　　次　2025年6月第1次印刷

书　　号　ISBN 978-7-5444-8420-6/H·0099

定　　价　60.00 元

如发现质量问题，读者可向本社调换　电话：021-64373213